寻找超级大牛股

LOOK FOR HUGE GROWTH STOCKS

原炜 著

中国经济出版社
CHINA ECONOMIC PUBLISHING HOUSE
北京

图书在版编目（CIP）数据

寻找超级大牛股/原炜著.--北京：中国经济出版社，2021.6

ISBN 978-7-5136-6477-6

Ⅰ.①寻… Ⅱ.①原… Ⅲ.①股票投资-基本知识 Ⅳ.①F830.91

中国版本图书馆 CIP 数据核字（2021）第 095629 号

责任编辑 丁 楠
责任印制 马小宾
封面设计 久品轩

出版发行 中国经济出版社
印 刷 者 北京富泰印刷有限责任公司
经 销 者 各地新华书店
开 本 710mm×1000mm 1/16
印 张 16
字 数 204 千字
版 次 2021 年 6 月第 1 版
印 次 2021 年 6 月第 1 次
定 价 56.00 元
广告经营许可证 京西工商广字第 8179 号

中国经济出版社 网址 www.economyph.com 社址 北京市东城区安定门外大街 58 号 邮编 100011
本版图书如存在印装质量问题，请与本社销售中心联系调换（联系电话：010-57512564）

谨以此书献给我的两个孩子——嘟嘟和壮壮，希望你们能永葆对这个世界的好奇心，始终拥有独立的思想，来观察、思考、判断和行动。

——永远爱你们的爸爸

前言

如果你一生中找到三个杰出的企业投资，你就会变得非常富裕。

——沃伦·巴菲特

莎士比亚说过，一千个人眼里就有一千个哈姆雷特。这句话用在股票投资上，好像也很适用——有的人看到的是一个个代码，有的人看到的是起起伏伏的K线，有的人看到的是各种概念，有的人努力去窥测"主力"的动向……而在本书中，我们遵循的投资方法是价值投资，信奉买股票就是买企业，我们关注的是企业——股票代码所代表的企业的经营状况。

价值投资的"祖师爷"格雷厄姆说过，股票市场短期是台投票机，长期则是台称重器。意思是一只股票的涨跌，短期来看，反映的是各个股东依据自己的多空看法进行"投票"，即买卖的结果，但长期来看，则是由这只股票所代表的企业长期的经营状况所决定的。价值投资者认为一个企业的价值是其未来现金流的折现，因此，价值投资考察的对象是企业。那么在成千上万的上市公司中，我们该关注哪些呢？笔者的理念是忽略绝大多数平庸的企业，只关注极少数具有极佳商业模式的好企业。这是因为：

只有聚焦投资极少的好企业才会大概率带来良好的长期投资回报。

据统计，在美国200年的股市历史中，创造这200年来增量市值的只有前4%的公司，也就是说，4%的公司贡献了200年来所有市值的增长。这意味着什么？意味着如果你不投资这4%的公司，你是很难获得很好的长期回报的。所以，我们做投资，就应该找到那4%伟大的投资机会，然后把所有的钱都放在这4%上，做时间的朋友，等待它们成长。长期来看，以合理的价格长期持有好企业的股票所带来的回报远超持有平庸企业带来的回报。贵州茅台、腾讯控股、苹果等好企业，上市几十年来股票上涨了成百上千倍，成为超级大牛股，累计给股东带来的回报远超绝大多数企业。

我们做投资，当然希望买的股票既便宜又好，但很多时候我们支付的价格并不总是很便宜。但是，如果我们买的是好企业的股票，那么从长期看，其自身发展也能消化较高的估值，因为时间是好企业的朋友。股神巴菲特也曾说过，长期看，以合理的价格买下一家优秀的公司要比用便宜的价格买下一家平庸的公司好得多。

好企业具有经济护城河，抵御风险的能力强，赚钱的能力强，作假的动机小，投资者“踩雷”的概率小。

无论是宏观的经济风险还是微观的企业个体经营风险，好企业都相对容易抵御。2008年金融危机中贵州茅台的股票下跌了52.46%，但从那时起到2020年9月又上涨了约35倍，实现了12年上涨35倍。2012年白酒塑化剂危机爆发，在二级市场上贵州茅台股价一度涨到266.08元的阶段高位，随后经历了长达2年的调整期，其间最大跌幅达到55%，然而从那时起到2020年9月又上涨了约20倍，完美地展现了好企业对各种风险强大的抵御能力。相反地，很多不好的企业遇到类似的风险可能就扛不过去了。就算当初买的时候估值便宜，但基本面变差后，估值反而可能会变贵。

好企业具有较强的竞争优势，能够通过正常经营赚到真金白银，因此作假动机较弱。相反地，不好的企业经营的难度较大，很多时候会为了掩盖经营的困境而粉饰报表，乃至作假。一旦隐藏不住，业绩就会“爆雷”。只买好企业的股票，有助于投资者避免“踩雷”。

如何才能找到这样的好企业呢？

好的企业并不多，但是我们普通人一生中只要发现并长期拥有两三只好企业的股票，那么财富状况就会得到极大的改善。上市公司有成千上万家，但我们应只关注其中有着最好商业模式的公司，“弱水三千只取一瓢”。当然，这里所谓的“最好”，有主观判断的成分。笔者这里想强调的是，我们每个人都应该买入在自己能力范围内“最好”企业的股票。

市面上有一些介绍商业模式的书，很多MBA课程中也会有关于商业模式的案例讨论，这些知识对于我们从定性的角度识别出好的企业具有一定的指导意义。但是定性往往具有很强的主观性，正确的判断会依赖判断者的见识和经验，而大多数普通投资者缺乏这样的见识和经验，因此在做定性判断时，准确率往往不高。

市面上还有些书籍，介绍如何用财务指标来挖掘、判断好的企业。财务指标的确是判断一家企业好坏的重要依据，但是如果只是单纯地从财务角度论述，而不结合该企业具体的商业模式，则往往容易对企业经营的好坏做出误判，因为同样的财务指标对于不同商业模式的企业很可能有不同的意义，甚至有截然相反的意义。

本书将企业的财务指标和商业模式结合在一起讨论，从定量和定性两个维度进行相互印证，从而能大大提高判断一家企业好坏的准确率。分析一家企业时，我们可以先从定量的角度入手，然后再从定性的角度进行印证。例如，当一家企业主营产品的毛利率大于30%的时候，可能就会引起我们的兴趣，认为这家企业可能还不错。然后再看它的其他财务指标，比如净资产收益率（ROE）是不是大于15%等。如果各项财务指标都符合我们对好企业的定义，我们会进一步考察其商业模式，看其是否具有某种经济护城河，以及这种经济护城河是否能够合理地解释其优异的财务指标。

反过来，我们也可以先从定性的角度入手，再从定量的角度进行验证。例如，当我们主观判断一家企业具有某种经济护城河时，我们可以进一步考察它的各项财务指标。如果财务指标也能支持我们主观定性的判断，那么这家企业是好企业的可能性就很高了。相反地，如果这家企业的财务指标很差，比如毛利率、净资产收益率等都仅仅只有个位数，或经营现金流非常差，那么很可能说明我们的主观判断有误。

综上所述，一家企业的商业模式必须要能够和它的财务指标相互印证、相互匹配、相互解释，形成逻辑自洽。把定量和定性两个角度结合在一起考察，能够极大地提高我们判断一家企业好坏的准确率。

是不是一旦确定是个好的企业，就可以买它的股票呢？

当然不是，我们要看估值，再好的企业，如果买得太贵，也很难有好的回报。就拿巴菲特的爱股可口可乐来讲，他于1988年、1989年陆续买入可口可乐时，市盈率约为15倍，10年后的1998年，巴菲特的这笔投资增长了约11倍，可谓很成功。不过这时的可口可乐市盈率为50倍了，如果你在这么高的估值下买入的话，则需要等到14年后的2012年才能解套。可见，即使买的是同一个标的，买得贵和买得便宜其回报也可能是天差地别的。

那么如果判断一个企业是好企业，估值也较低，是否就可以买了呢？

差不多了，但有些方面还是需要再考察一下，比如管理层的能力如何、企业文化如何、股权结构如何、有哪些风险，等等，这些方面如果有明显的问题，那么就绝不应买入。

如果很好当然是要加分的。如果说不上多好，但也没有什么明显的不好，那么可以考虑接受，这是因为一个很好的企业本身对管理层的能力要求是相对不高的。巴菲特说过，你应该选择投资一些连傻瓜都会经营的企业，因为总有一天这些企业会落入一个傻瓜的手中。另外，管理层的能力如何，实际是很难判断的。很多时候，到底是时势造英雄还是英雄造时势，并不是很容易区分的。此外，如前所述，好企业本身抵御各种风险的能力是很强的，选择买好企业的股票其实就是选择了高确定性和低风险。

这里我们强调的是好的商业模式要比管理层的能力更重要。不过如果管理层因某种原因而不能被信任，那么这家企业的股票是绝对不能买的，需要一票否决。巴菲特曾告诫说："我们从来没有与坏人做成一笔好生意。"

总结一下，本书将企业的财务指标和商业模式结合在一起讨论，通过定量和定性两个角度来帮助读者发现和识别一个好的企业、一只好的股票，以解决**买什么的问题**。另外，本书会根据不同类型的企业给出适当的估值方法，供读者参考，以解决**什么时候买的问题**。至于**什么时候卖**，本书也会给出通用的卖出原则。这样，本书的内容就涵盖了一个完整的投资过程，目的是不仅仅要帮助读者在投资理论认识上有所提高，更期待指导读者在投资实践中寻找到超级大牛股，将财富的雪球越滚越大！

亲爱的读者，现在就请您跟笔者一起开始这段旅程吧！

目录

第一章

超级大牛股的样子

好的企业可能处在不同的行业，但是它们都有共同的特征，本章将会给出一些评判好企业（超级大牛股）的标准，供读者参考。

第一节　高毛利率

巴菲特说过，人生就像滚雪球，最重要的是找到很湿的雪和长长的坡。（Life is like a snowball. The important thing is finding wet snow and a really long hill.）我们买股票要找的好企业也应该具备这样的特点——“很湿的雪”对应的是高毛利率，“长长的坡”对应的是持久性。一个企业如果没有较高的毛利率，那么很难称之为好。这是因为**在市场经济条件下，高的毛利率反映的是这个企业的竞争优势。此外，高的毛利率也有助于抵御经济周期、需求下滑、成本上升等不利因素**。那么具体多高算高呢？笔者的建议是**毛利率尽量不低于30%，最好大于40%**。如果一个企业的毛利率低于30%，那么基本不用再多花精力看了，除非它的毛利率在未来有很大的可能性会提高。这里需要特别指出的是，本书提到一个指标时，会尽量给出一个具体的参考数值，以期给予读者可操作性的指导，毕竟本书最主要的目的是给读者的投资实践助力。不过，一旦提到具体数值，难免会有人针对这个具体数值来质疑，比如你说毛利率不应低于30%，那么29%就不行了吗？或者说某某公司做得不错，但毛利率才有10%云云。对于这些可能的质疑，笔者的答复是：首先，数值是笔者个人经验的总结，仅供读者参考；其次，笔者的目的是帮读者做减法，从成千上万的股票中精选出极少量的股票加以关注和研究，不排除这些具体的指标会让我们漏掉某个好企业的股票，但这并不会困扰我们，我们的原则是“宁可漏掉十个，不可误选一个”！我们只需找到少量的、看得懂的好企业就够了。

那么毛利率是不是越高越好呢？这个问题的答复是，**要结合持久性来看**。如果有持久性，那么就越高越好。不过，一个企业的毛利率越高，越容易吸引他人的竞争，通常持久性就差。比如很多周期性企业，在行业景气的时候，其毛利率可能会达到很高，然而随着竞争对手的跟进、供给增加，其毛利率就会下滑，无法长期保持在高位，即这种高毛利率不具有持续性，这样的企业不是我们关注的对象。因此，如果一个企业的毛利率很高而且长期保持，则说明该企业有着独特的竞争优势，用巴菲特的话来说，就是拥有宽广的护城河。尽管竞争者们都觊觎这个好企业的生意，也只能无奈地望着宽广的护城河兴叹。

现在让我们来考察一下笔者眼中的好企业，看看它们的毛利率是怎样的。贵州茅台的毛利率长期保持在90%左右、五粮液的毛利率长期保持在70%左右、片仔癀的毛利率长期保持在40%以上、阿里巴巴的毛利率长期保持在45%以上、腾讯的毛利率长期保持在40%以上、香港交易所的毛利率长期保持在70%左右、达芬奇手术机器人的毛利率长期保持在65%左右、谷歌的毛利率长期保持在55%以上、脸书的毛利率长期保持在70%以上。在以后的篇章中，我们会对这些好企业做进一步的分析。

毛利率除了要看绝对的高低，看是否有持久性外，还要看其变化的趋势以及引起这种趋势的原因。毛利率不断增加，往往意味着经营效率的提高、竞争优势的加强，等等。以格力电器为例，其近5年的毛利率比起之前提高了不少，反映出格力电器在近些年的竞争优势逐渐增强，竞争态势逐渐趋缓，绝大多数竞争者退出竞争，行业利润向龙头汇集。相反地，如果毛利率不断减少，则需要引起高度重视，看看是什么原因引起的。有的时候是因为企业制定了扩张战略，增加了成本投入，或主动降低了价格，造成短期毛利率下降，但长期有望大幅增加收入。如果是这种情况，那么不用担心短期毛利率的降低。但是，毛利率下降还有可能是企业经营恶化、竞争力逐渐减弱的体现，所以，当我们看到企业毛利率不断下降时，需要搞清楚原因。

对于有多种主营业务的企业而言，毛利率还要分业务来看。以华东医药为例，其主业营收的76%来自医药商业，这部分毛利率很低，只有7.5%左右，贡献的利润占比只有21%左右；剩下占主业营收24%的部分是医药制药业务，这部分毛利率高达85.76%，虽然营收占比不高，但是贡献的利润占比有近79%，占绝对大头。不过，顺便说一句，**我们偏爱的好企业，是聚焦主业、不搞多元化的那类企业。**

毛利率还要对比同行，结合其他财务指标来看以排除作假的可能。如果一个企业的毛利率相对它的同行们高很多，或者当同行们的毛利率走低时，它的毛利率大体不变甚至走高时，就需要搞清楚根本的原因是什么，是否符合逻辑，会不会作假。毛利率还需结合其他财务指标来看，比如一个企业的毛利率在逐步增加，但同期存货周转率在逐步下降，应收账款逐步增加，应付账款逐步减少，现金流也在恶化，那么这家企业有可能在作假，需要我们仔细甄别。如果我们没有能力再进一步确认企业是否作假怎么办？很简单，那就不用看了。别忘了，我们的投资原则是“宁可漏掉十个，不可误买一个”。

低毛利率的企业不一定是差企业。比如低毛利的同时高周转，即我们常说的薄利多销，利用低价做大规模，毛利率可能很低，但利润绝对值不小，比如连锁超市好市多（Costco），**不过这类企业不是本书关注的。**因为低毛利、高周转对企业的运营能力、管理水平要求非常高，而且受到各种经济周期、经营风险的影响都较大，长期保持高水平运营的难度很大，对我们投资的分析判断能力挑战很大，因此建议投资者，特别是初学者还是放弃这个难题吧。正如巴菲特所说："我和查理还没学会如何解决公司的难题，但是我们学会了如何避开难题，我们的成功在于我们集中力量于能跨越的一尺栅栏上，而不是发现了跨越七尺栅栏的方法。"

最后，让我们来考察一下 2010—2019 年 A 股涨幅前 20 名的大牛股企业的毛利率情况吧，见表 1-1。我们看到在这 20 家企业中，有 14 家企业的 10 年平均毛利率大于 30%，占 70%，其中有 12 家企业的 10 年平均毛利率大于 40%，占 60%。相反，仅有 6 家企业的 10 年平均毛利率小于 30%，但大于 20%。可见，**高毛利率是大牛股的重要特征之一**。另外，这些统计数据也在某种程度上印证了我们定义的好企业毛利率至少要大于 30%的说法。

表 1-1　A 股涨幅前 20 名企业的毛利率情况

股票名称	10 年涨跌幅：前复权（%） 2011.03.31—2021.03.30	10 年平均毛利率（%） 2010—2019
格力电器	6 997.14	29.01
牧原股份	6 711.24	26.20
新华联	6 060.00	33.12
康泰生物	6 029.37	82.59
先导智能	4 702.10	41.03
亿纬锂能	4 164.09	28.42
泰格医药	3 797.82	45.17
隆基股份	3 626.26	23.20
同花顺	3 554.65	86.28
东方财富	3 426.13	74.28
贵州茅台	3 280.61	91.60
海康威视	3 233.98	45.90
立讯精密	3 024.41	21.13
爱尔眼科	3 007.75	48.27

续表

股票名称	10年涨跌幅：前复权（%）2011.03.31—2021.03.30	10年平均毛利率（%）2010—2019
中国中免	2 996.74	27.91
欧普康视	2 908.34	76.73
艾迪精密	2 808.64	41.58
通策医疗	2 699.56	43.63
伟星新材	2 614.10	42.03
伊利股份	2 602.01	33.68

注：有些公司上市不足10年，其年均毛利率采用过去5年数据。

资料来源：涨幅排行来自同花顺问财，年均毛利率来自理财大视野。

我们再来考察一下2018年底巴菲特十大持仓的毛利率情况，见表1-2。

表1-2　2018年底巴菲特十大持仓的毛利率情况

股票名称	2018年底持仓市值（亿美元）	10年平均毛利率（%）2009—2018
苹果	393.70	39.59
美国银行	220.82	84.52
富国银行	196.66	92.37
可口可乐	189.40	61.87
美国运通	144.52	93.65
卡夫亨氏	140.15	N/A
合众银行	59.09	77.98
摩根大通	48.92	88.60
纽约银行梅隆	38.10	95.15
穆迪	34.55	71.21

资料来源：根据巴菲特致股东的信和相关资料整理而得。

大家看到了什么？股神的十大持仓占了总仓位的80%，其2009—2018年10年的平均毛利率没有一个低于30%，10年十大持仓中有八个毛利率都在60%以上，十大持仓平均毛利率达75.78%！原来，股神拿的都是“会生金蛋的金鸡”，股神偏爱高毛利！现在大家对股神所说的滚雪球就是要找到“很湿的雪，长长的坡”有所体会了吗？

◆ 本节小结

- 一个好的企业往往多年保持着高毛利率，这是其强大竞争优势的体现
- 高毛利率的标准应当尽量不低于30%，最好大于40%
- 高毛利率要有持久性，要找到毛利率高并具有持久性的原因
- 要关注毛利率的变化趋势，找到导致这种变化的根本原因
- 对于有多个主营业务的企业，毛利率要分业务来考察，我们更喜欢聚焦主业的企业
- 毛利率需要对比同行、结合其他财务指标来看，以排除作假的可能
- 我们主要投资具有持久性的高毛利率，或毛利率具有由低到高增长趋势的企业

第二节　较高的净资产收益率

巴菲特曾经在1979年致股东的信中这样说道："我们判断一家公司经营好坏的主要依据，是其净资产收益率（Return On Equity，ROE）（排除不当的财务杠杆或会计做账），而不是每股持续的收益率。"那么巴菲特为什么会对净资产收益率这么青睐呢？让我们来好好看一看。

净资产收益率，又称股东权益报酬率/权益报酬率/权益利润率/净资产利润率，是净利润与平均股东权益的百分比，是公司税后利润除以净资产得到的百分比，该指标反映股东权益的收益水平，用以衡量自有资本的效率。该指标体现了自有资本获得净收益的能力，指标值越高，说明自有资本投资带来的收益越高。根据经典的杜邦公式解读：**净资产收益率=销售净利率×总资产周转率×权益乘数**。销售净利率代表更强的获

利能力，资产周转率代表更快的周转率，权益乘数代表更高的财务杠杆。销售净利率是用企业的净利润除以企业的销售收入，销售净利率高说明企业的产品很赚钱；资产周转率高，说明企业赚钱节奏快；权益乘数高，说明企业的财务杠杆高。何谓财务杠杆？公司资产中由股东自己出资的部分叫股东净资产，还有一部分借来的钱叫负债。股东净资产的比例越小，负债比例就越高，财务杠杆也就越高。

那么当我们投资的时候，净资产收益率是如何指导我们选择企业的呢？巴菲特的搭档芒格说过，就长期而言，持有一只股票的收益率和其净资产收益率差不多，而当初购买价格的高低对收益率的影响不大。①这到底是为什么呢？我们来看一个例子。

例如，有公司甲和公司乙，其股价分别是 5 元和 10 元，每股收益均为 1 元，则其市盈率（PE）分别为 5 倍和 10 倍。假设它们的净资产收益率分别为 10%和 30%，根据市净率（PB）= 净资产收益率×市盈率，则甲、乙两公司的市净率分别为0. 5 和 3。根据净资产 = 股价/市净率，得出甲公司和乙公司的净资产分别为 10 元和 3. 33 元。甲公司 40 年后的净资产为 $10\times(1+10\%)^{40}=452.59$ 元，假设估值不变，则其股价 = 净资产×市净率 = $452.59\times0.5=226.3$ 元，40 年股价从 5 元涨到 226. 3 元，其 40 年年均复合收益率约为 10%，与其 10%的净资产收益率基本一样。再看乙公司：40 年后的净资产为 $3.33\times(1+30\%)^{40}=120\ 275.82$ 元，40 年股价从 10 元涨到 120 275. 82 元，其年均复合收益率约为 26. 47%，接近其 30%的净资产收益率。假如当初买乙公司的时候买贵了 100%，即以市盈率 20 元的价格买入，则 40 年年均复合收益率为 24. 3%，和 26. 47%也相差不太多，假如买贵了 50%，即以市盈率 15 元的价格买入，则 40 年年均复合收益率为 25. 2%，和 26. 47%相比则更为接近。

---

① 严格起见，这句话成立的条件是在不考虑分红的情况下，购买价格不能相差太大，且起点终点的市盈率估值相近。

由此可见，**我们投资的时候应该选择净资产收益率长期较高的企业，具体讲，最好不低于15%**。

不过需要敲黑板强调的是，尽管我们在选择投资标的的时候定性最重要，即只买最好企业的股票，但是定量也是十分重要的，即买入的价格最好是很便宜的，其次是合理的，而绝对不能是贵的，**即使买入的是极好的股票也不能支付过高的价格**，否则长期回报一定不会好。这方面的教训实在太多了，一个众所周知的例子是，如果2007年以48元的价格购入顶着“亚洲最赚钱公司”光环的中石油的股票，即使历时13年长期持有到今天，仍然深度套牢中，回报为负。

那么净资产收益率是不是越高越好呢？也不尽然。比如一个企业有很高的净资产收益率主要是因为其财务杠杆非常高，负债比例很大，这样的话，企业的财务风险可能就很大，很难持久。

现在让我们来考察一下笔者眼中的好企业，看看它们的净资产收益率是怎样的。2015—2019年，贵州茅台5年的净资产收益率平均值为31%左右、五粮液5年的净资产收益率平均值为17%左右、片仔癀5年的净资产收益率平均值为18%左右、阿里巴巴5年的净资产收益率平均值为22%左右、腾讯控股5年的净资产收益率平均值为26%左右、香港交易所5年的净资产收益率平均值为22%左右、达芬奇手术机器人5年的净资产收益率平均值为16%左右、谷歌5年的净资产收益率平均值为14%左右、脸书5年的净资产收益率平均值为18%左右。在以后的篇章中，我们会对这些好企业做进一步分析。

同上一节类似，让我们来考察一下2010—2019年10年来，A股涨幅前20名企业的净资产收益率情况吧，见表1-3。我们看到在这20家企业中，有19家企业的平均净资产收益率大于15%，占95%，其中有12家企业的平均净资产收益率大于20%，占60%。相反，仅有1家企业的平均净资产收益率小于10%。可见，**高净资产收益率也是大牛股的重**

要特征之一。另外，这些统计数据也在某种程度上印证了我们追求的好企业净资产收益率至少要大于15%的说法。

表1-3　A股涨幅前20名企业的净资产收益率情况

股票名称	10年涨跌幅：前复权（%） 2011.03.31—2021.03.30	10年平均净资产收益率（%） 2010—2019
格力电器	6 997.14	32.85
牧原股份	6 711.24	29.38
新华联	6 060.00	17.07
康泰生物	6 029.37	20.31
先导智能	4 702.10	27.19
亿纬锂能	4 164.09	15.29
泰格医药	3 797.82	21.72
隆基股份	3 626.26	18.21
同花顺	3 554.65	22.55
东方财富	3 426.13	8.98
贵州茅台	3 280.61	33.89
海康威视	3 233.98	31.42
立讯精密	3 024.41	16.84
爱尔眼科	3 007.75	16.67
中国中免	2 996.74	17.31
欧普康视	2 908.34	31.45
艾迪精密	2 808.64	19.44
通策医疗	2 699.56	23.58
伟星新材	2 614.10	21.10
伊利股份	2 602.01	25.75

注：有些公司上市不足10年，其年均ROE采用过去5年数据。

资料来源：涨幅排行来自同花顺问财，年均ROE来自理财大视野。

国信证券曾进行过统计，找出2007年底以前上市的，从2007年到2016年连续十年净资产收益率均大于10%的上市公司，共有68家（不包括金融公司和“两油”）。从2007年3月底（上证指数3 183点）到2017年5月15日（上证指数3 090点），这68只股票的平均涨幅是3.7

倍，年化收益率高达 14%，这还没算股息分红的回报，而同期上证指数没有任何上涨。

我们再来考察一下 2018 年底巴菲特十大持仓的净资产收益率情况，见表 1-4。

表 1-4　2018 年底巴菲特十大持仓的净资产收益率情况

股票名称	2018 年底持仓市值（亿美元）	10 年平均净资产收益率（%）2009—2018
苹果	393.70	37.14
美国银行	220.82	2.89
富国银行	196.66	10.04
可口可乐	189.40	25.83
美国运通	144.52	23.52
卡夫亨氏	140.15	N/A
合众银行	59.09	11.96
摩根大通	48.92	8.65
纽约银行梅隆	38.10	6.18
穆迪	34.55	-68.48

资料来源：根据巴菲特致股东的信和相关资料整理而得。

从表 1-4 中可以看出，尽管巴菲特很推崇净资产收益率这个指标，但从他的十大持仓来看，高净资产收益率似乎并没有占到压倒性的比例，让我们再进一步考察一下：首先，10 只股票中有 3 只股票，分别是苹果、可口可乐、美国运通的平均净资产收益率超过 15%，总计仓位占伯克希尔的 40%左右。其次，卡夫亨氏是在 2015 年由卡夫食品集团和巴西 3G 资本及巴菲特旗下的亨氏合并而成的，因此 2015—2019 年的财务指标（包括净资产收益率）实际在这 5 年期间前后半段衡量的是不同的对象，即 5 年平均值是失真的。从 2015 年后看，合并后的卡夫亨氏的净资产收益率逐季度增长，从 2015 年的负数，到 2016 年的正的个位数，再到 2017 年第四季度的 18.2%，最后到 2018 年前三个季度的净资产收益率也都在 15%以上，直至第四季度因计入了 154 亿美元的商誉减值，导致净利润直接转为负值，从而净资产收益率也变成了负值，应该说这是比较特殊的情况。接下来，我们看到这十大持仓中有 5 家是银行这样的金融企业，其净资产收益率也都不高。这可能是巴菲特的资金量太大，要找到净资产收益率高于 15%且体量足够大、价格又足够便宜的标的并不容易。而金融业绝对是巴菲特的能力圈，当他看到了确定性和低估时，即使净资产收益率并不高，他也会出手的。最后一家穆迪公司，也比较特殊。看它的净资产收益率，历年来都在正负百分之几百之间跳动，跟绝大多数企业的净资产收益率完全没有可比性。这是它特殊的生意模式造成的，比如它很多时候股东净资产是负的，这使得净资产收益率也为负，但是负的股东净资产很大程度上是因为它买了很大数目的库存股（Treasury Stock）——一种公司回购但尚未注销的股票，导致股东的账面价值减少，但这实质上并不一定是不利的投资。实际上巴菲特从 2001 年开始投资穆迪起到 2020 年，20 年里，其在穆迪上面实现了 20 多倍的收益。

从上面的讨论我们可以看出，净资产收益率高于 15%的企业占据了伯克希尔持仓的 40%，其余是很难看懂的银行业（除了巴菲特，没有多少人能真正看懂银行业）和特殊的企业情况。因此对于我们普通投资者来讲，重点关注净资产收益率高于 15%的企业仍然是更有意义的。顺便说一下，让巴菲特津津乐道、引以为豪的喜诗糖果，在他 1972 年买入的时候净资产收益率为 26%。

同包括毛利率在内的所有其他财务指标一样，净资产收益率不仅要静态看，还要动态看，看变化趋势，结合其他财务指标对照看，对比同行的相关指标一起看，最终的目的是要找到导致这个数值和变化的原因所在，以期对企业的运营情况获得深刻的理解。

◆ **本节小结**

● 我们主要关注净资产收益率长期在15%以上的企业

● 根据杜邦分解：净资产收益率=销售净利率×总资产周转率×权益乘数

● 净资产收益率不是越高越好，我们要搞清楚净资产收益率高值的原因所在。如果是高权益乘数导致的高净资产收益率，那么意味着财务杠杆大，经营风险大，不是一个良性经营的信号

● 净资产收益率要结合其他财务指标一起看，与同行相关指标对照看，关注变化和原因

第三节　良好的自由现金流

价值投资者认为**一个企业的价值等于其未来自由现金流的折现**。这涉及两个概念，自由现金流和折现率。折现率说的是资本的时间价值，比如现在的100元比5年后的100元更有价值，这个比较好理解。那什么是自由现金流呢？要弄清楚自由现金流，先要弄清楚现金流，所谓**现金流**，是指企业一定时期内，现金和现金等价物流入和流出的数量。一家企业如果有良好的现金流，即使不赚钱也可以运转起来，比如京东，利润连续几年为负，但是现金流入大于流出，企业运转正常。如果一家企业现金流为负，哪怕账上有巨额利润，也无法长期生存。举个简单的例子，某公司花了100万元采购了商品，然后用赊销的方式以130万元的价格卖出，并支付了10万元的税费，那么该公司的净利润是20万元，但这只是纸面财富，公司实际上并没有挣到钱，反倒是贴出去不少钱，现金流为-110万元，而公司需要实实在在的钱来支付办公费用、员工工

资等正常的运营成本，因此**有利润不等于有现金，这也是企业除了要提供资产负债表、利润表，还要提供现金流量表的主要原因**。

搞清楚了现金流，我们再来看**自由现金流**，其中重点就在于“自由”二字，即指企业经营中产生的现金流，在不影响公司持续发展的前提下，可供分配给企业资本提供者（股东和债权人）的最大现金额。通俗来说，就是**企业经营活动赚来的钱中，扣除维持企业正常运转和保持企业竞争力的必要投入后剩余的钱**。举个例子，一个企业当月赚了1 000万元，这个钱需要支付该企业的运营成本以及为了增强竞争力而做的必要投入，之后，如果有剩余，才是企业可分配给股东和债权人的钱。自由现金流也是巴菲特非常重视的财务指标之一，他认为**真正值得投资的好企业就是，在企业运营过程中，企业自身就可产生充沛的现金流，而不用靠投资者后续投入，也不用靠企业负债经营就可以实现稳定发展，甚至推动经营业绩和自由现金流的增长**。

不过，虽然我们认为企业的价值是由其未来自由现金流的折现所决定的，但是在实际计算中，难度却不小。这是因为虽然计算过程简单，但计算公式中一些关键数据却要预测，而且最终的结果对这些需要被预测的数据非常敏感，即这些数据稍微变一下，就可能导致最终结果大不相同，因此对预测的准确度要求非常高。下面我们来具体看一下这个估算过程，首先需要估算未来自由现金流是多少，这个难度就不小。因为对于大多数企业来说，估算其未来一年内的自由现金流并不是很困难，但是要估算未来10年、20年的自由现金流，恐怕连其管理层都很难给出。同时，由于它是对未来的估算，因此没有所谓的“正确”答案，10个人估算可能会有10个结果，只有时间才能最终验证谁对谁错。

为了估算未来自由现金流到底有多少，需要对一些因素做出假设，这些因素包括收益增长率、资本支出、营运成本的变动、利润率、折价、利息支付、税务等，要估算的因素越多，出错的概率就越大。估算出预期的自由现金流后，还要将它们折算成现在的价值，看它们当前值多少钱，因为今天的钱永远比明天的钱值钱，这就是钱的时间价值。折现就是要算将来的钱现在值多少。比如，我们想估算5年后的100元钱现在值多少，那么我们需要设定一个银行年利率，比如3%，那么就是$100/(1+3\%)^5=86.26$元，假设年利率是5%，则为$100/(1+5\%)^5=78.35$元。我们现在来设想一个最简化的情形，预计一个企业5年后会给你带来100元的现金，现在这个企业卖给你80元，你要不要买？经过简单计算，你算出这笔投资的年化回报率为4.56%，那么如果银行的年利率为3%，你可能会选择买，因为它毕竟比银行的利率还高一些。当然你也有可能选择不买，因为这笔投资相对于存银行风险更大，比银行利率仅多出1.56%的额外年回报并不能让你觉得值得冒险。但是如果银行的年利率为5%，那你肯定是不买了，因为这样一个有风险的投资，其收益连存银行获得的利息都赶不上。我们现在把出价变一下，如果这笔生意现在卖给你不是80元，而是40元，那么你该不该买呢？首先，应算出这笔投资的年化收益率为20%左右，挺有吸引力。其次，需要评估这笔投资的风险有多大。如果你判断这笔投资风险很小，足以被年化20%的潜在回报所覆盖，那么你可能就会出手买了。

上面这个例子非常简单，我们再来看一个巴菲特投资的实际案例，看看巴菲特是如何具体运用现金流折算这个思路来投资的。在2007年的致股东的信中，巴菲特讲道："去年我们做了一笔大减持。在2002年、2003年，伯克希尔以4.88亿美元的价格买入中国石油1.3%的股份，以当时的股价计算，其总市值是370亿美元。查理和我认为其大约值1 000亿美元。在去年，两个因素使其价值急速上升：原油价格大幅上涨；中石油的管理层在建立石油和天然气的储备上做了卓有成效的工作。去年下半年，中石油的市值上升至2 750亿美元，这是与其他石油巨头相比较合理的价格。于是我们以40亿美元将其卖出。"这笔投资，巴菲特税前收益约为35.5亿美元，不包括分红的总投资收益率为7.3倍，年均复合投资收益率约为52.6%，另外，在这5年里，伯克希尔共收到税后分红约2.4亿美元，这笔投资可谓相当成功。我们看到，巴菲特投资中石油主要基于两个判断：其一，2002—2003年，中石油的市值约为内在价值的0.4倍，非常符合价值投资者以四毛钱买一块钱东西的思路，安全边际非常大；其二，巴菲特判断原油价格偏低，未来原油价格上涨的概率大，那么会进一步增加中石油的内在价值。即使原油价格未来不涨甚至下降，四折的购买价格也具有足够的“安全垫”。同时，他认为中石油的国家风险相对较低。当时，俄罗斯有家石油公司也很便宜，但他认为中国的风险更小。总之，**既看价格，也看风险**。那么巴菲特自己是怎么说的呢？巴菲特2007年接受中央电视台采访时说：“我读年报像其他人读报纸一样，每年我都读几千份年报，我不知道读了多少。我读了中石油2002年4月和2003年发布的年报，然后决定投资5亿美元中石油，我没有见过管理层，也没有见过分析家的报告，但公司的年报非常通俗易懂。”巴菲特在2005年5月的股东大会上说：“任何人都有可能通过阅读中石油的年报了解到我们了解到的东西。我们在投资一家公司以前，从来不去实地看这家公司，你所需要的信息都在年报里了，白纸黑字。我只是坐在办公室里读了年报……我基本上不擅长预测宏观经济（尽管我们在外汇上下了很大的赌注）。最好的方式是投资个别的公司，就像我们在中石油上所做的那样。”“几年前，我读了这家公司的年报之后就买进了，这是我们持有的第一只中国股票，也是到目前为止最新的一只。这家公司的石油产量占全球石油产量的3%，这是很大的数量。中石油的市值相当于埃克森美孚的80%。去年中石油的盈利为120亿美元。2003年在财富500强公司的排行榜上只有5家公司获得了这么多利润。当我们买这家公司股票的时候，它的市值为350亿美元，所以我们是以相当于2003年盈利（每股收益0.59港元）3倍的价钱买入的。中石油没有使用那些财务杠杆。它派发盈利的45%作为股息。所以基于我们的购买成本，我们获得了15%的现金股息收益率。”巴菲特的伙伴芒格则感叹：“如果一直有这样的投资机会出现，生活该多美好啊。”巴菲特当时看好油价会上涨。2007年10月，巴菲特接受中央电视台《经济半小时》采访时说：“石油公司的利润主要依赖油价，原油在30美元一桶的时候，我们就会对未来盈利的前景很乐观……中石油的收入在很大程度上依赖于未来十年原油的价格，不过30美元一桶的时候我非常肯定。”

那么被巴菲特评价为非常通俗易懂的中石油年报是怎样的呢？中石油庞大的资产和业务规模，普通人和机构都很难全面跟踪。但是，每年的年报中，中石油都会发布一个按照美国财务会计准则计算的“经贴现的未来净现金流量标准化度量”值，在此将其简称为“现金流贴现值”。计算方法为，通过每年年末的原油储量、原油销售价格、成品油销售价格、当年运营成本、当前税率等计算出未来每年的净现金流入，然后以10%的年贴现率进行贴现求和，得到总的现金流贴现值。该现金流贴现值主要随原油价格、原油储量、运营效率而变动。在其每一份年报（A/H股年报都有）的最后都附了一份净现金流贴现的简单计算规则、过程和结果。图1-1为2002年中石油港股年报文件第122页列示的结果。

从图1-1中我们可以看到，中石油自己计算的其2002年底未来现金流的贴现值为6 153.86亿元（约800亿美元），而巴菲特的估算是1 000亿美元（中石油自己算的竟然比巴菲特算的更加保守）。我们无从得知巴菲特是基于多少具体数值估算出中石油现金流折算的，但与中石油估算的结果相差200亿美元，而中石油2002年底的总市值约为350亿美元，这个市值无论相对于其自身给出的800亿美元的估值还是巴菲特给出的1 000亿美元的估值，实际上都大大被市场低估了。

标准化度量

以下有关探明油气储量未来现金流量的标准化度量，是按照美国财务会计准则第69号呈列。下列数额是按照各期间终结时的价格和成本、现行法定税率和10%的年贴现率计算。由于价格和成本并不固定，而价格和成本变动不在计算之列，因此结果未必能反映估计探明储量的公平市值，但可作为一般计算标准，提高用者预测未来现金流量的能力。

截至2001年12月31日和2002年12月31日，两个年度每年末期有关探明石油及天然气储量的经贴现的未来净现金流量标准化度量列示如下（以人民币百万元计）：

于2001年12月31日	
未来现金流量	2 049 110
未来生产费用	（695 859）
未来开发费用	（50 996）
未来的所得税支出	（422 453）
未来的净现金流量	879 802
以10%贴现率估计现金流量的时间	（473 803）
经贴现的未来净现金流量标准化度量	405 999
于2002年12月31日	
未来现金流量	2 710 152
未来生产费用	（745 866）
未来开发费用	（73 344）
未来的所得税支出	（562 289）
未来的净现金流量	1 328 653
以10%贴现率估计现金流量的时间	（713 267）
经贴现的未来净现金流量标准化度量	615 386
应占联营公司在经贴现的未来净现金流量标准化度量	
2001年12月31日	2 013
2002年12月31日	2 612

图 1-1　2002 年中石油港股年报第 122 页

资料来源：2002 年中石油港股年报。

图 1-2 为中石油 2007 年年报的节选。从图 1-2 可以看到，中石油给出的未来现金流的贴现值为 1. 82 万亿元（约 2 400 亿美元），而彼时中石油的市值约为 2. 1 万亿元（约 2 750 亿美元），巴菲特看到中石油与其他石油巨头的估值相仿，不再低估，加之国际原油价格已经超过每桶 70 美元，因此巴菲特选择卖出。

	人民币百万元
于2006年12月31日	
油气销售之未来现金流量	5 611 306
未来生产费用	(1 620 761)
未来开发费用	(296 175)
未来的所得税支出	(1 202 980)
未来的净现金流量	2 491 390
以10%贴现率估计现金流量的时间	(1 336 045)
经贴现的未来净现金流量标准化度量	1 155 345
于2007年12月31日	
油气销售之未来现金流量	8 714 483
未来生产费用	(3 049 226)
未来开发费用	(437 946)
未来的所得税支出	(1 569 898)
未来的净现金流量	3 657 413
以10%贴现率估计现金流量的时间	(1 835 343)
经贴现的未来净现金流量标准化度量	1 822 070
应占联营公司在经贴现的未来净现金流量标准化度量	
2006年12月31日	59 825
2007年12月31日	33 543

图 1-2 中石油 2007 年年报节选

资料来源：2007 年中石油港股年报。

巴菲特投资中石油这个案例非常好地展示了如何用未来自由现金流的估算来评估企业的内在价值，虽然估算的方法是相对客观的，但是估算所用到的预测数据则带有主观性，因此不同的人往往会得出不同的结果。巴菲特自己曾说过："两个人利用同一组可用因素分析出来的内在价值，会不可避免地有些许差异，就算是芒格和我也会是这样。"用未来现金流折现对企业估值既是科学也是艺术，具有不确定性，但仍是指导我们估算企业价值唯一正确的思考方式。

在实践中，为了降低不确定性，使投资具有更大的安全边际，**我们首先应选择未来现金流相对稳定、相对好预估的生意，以降低我们的判断难度和失误概率**。巴菲特极少投资科技股，主要原因就在于科技股往往需要不断推陈出新，竞争优势很难长期维持，风险很难确定，现金流也不容易稳定，因此很难对企业的价值做出确定性较高的估算。

其次，估值的时候各种假设预测要偏保守些，毛估即可。芒格说过，虽然现金流的折现是计算企业内在价值最合理的方式，但他从未见过巴菲特用计算器计算过。巴菲特也说过："模糊的正确远胜于精确的错误。"估算出企业的价值后，衡量可能的风险（如果风险很大，那么在开始估值前就已经剔除了），留足安全边际，看是否足够便宜，再进行投资决策。

虽然巴菲特没有用计算器算过自由现金流，但对于我们普通投资者而言，特别是初学者，根据企业的财报，亲自计算自由现金流，对提高自己对企业和投资的认识是非常有帮助的。那么该怎样计算自由现金流呢？问题来了，竟然没有统一的公式！这是因为不同的学者对自由现金流的理解不尽相同，导致自由现金流的计算方法有很多种。不过好在他们对自由现金流的理解还是有共同之处的，那就是在不危及公司生存与发展的前提下可供分配给股东和债权人的最大现金额。在众多自由现金流的理念中，美国汤姆·科普兰教授的自由现金流计算公式应用得较为普遍，该公式如下：

自由现金流量=(税后净营业利润+折旧及摊销)-(资本支出+营运资本增加)

=息税前利润×(1-所得税率)+折旧及摊销-(资本支出+营运资本增加)

上海国家会计学院的郭永清教授在其《财务报表分析与股票估值》一书中指出，上述公式存在以下三点问题：

一是只对折旧及摊销进行了调整。虽然折旧及摊销在计算利润时进行了扣除，但是折旧及摊销无须支付现金，因此在计算过程中需要加回折旧及摊销。同时，仅仅调整折旧及摊销还不够全面，因为在计算利润的过程中还有很多无须支付现金的项目，比如资产减值准备、资产处置损失、递延所得税资产和递延所得税负债等。在折旧及摊销之外，我们还需要调整加回其他非现金成本费用。

二是息税前利润的问题。息税前利润包含偶然的、一次性的利润，比如出售子公司、长期投资股权及其他长期资产的利润。

三是资本支出的问题。资本支出包括两部分：一部分是维持原有经营规模的资本支出，另一部分是扩张经营规模的资本支出。如果不加区分而是按照全部资本性支出这个口径计算，在企业成长期或者扩张期，计算自由现金流的结果往往是有很大误导性的。因为在这个阶段企业的资本性支出会非常多，导致公司自由现金流为负数，若由此得出公司价值为负数的判断会错杀很多有前途的公司。因此，资本支出应该调整为保全性资本支出更为合理。只要所有扩张性资本支出的内含报酬率高于资本成本率，扩张性资本支出对于股东价值就是正效应而非负效应。下面举个简单的例子：假设一家公司经营得非常好，每年都能从经营活动中产生不少现金流量净额，由于处于业务高速发展期，公司把每年的现金流量净额用于扩大再生产，来年会赚取更多的现金流量净额。那么，如果按照全部资本性支出口径来计算自由现金流的话，该公司的自由现金流在业务蒸蒸日上发展的那些年就会为零，以此自由现金流是无法衡量出该公司的实际价值的。我们知道，这显然是家很有价值，而且是不断给股东创造价值的公司。现实中也有很多这样的例子，最典型的可能就是美国的亚马逊了。它长年把赚来的利润全部投入到扩大经营中去，如果按照全部资本性支出口径来计算自由现金流的话，将会大大低估其自由现金流，继而低估企业的价值。好在美国的资本市场比较发达，很有效率，亚马逊的市值这些年节节攀升，显然市场是看到和理解它实际的自由现金流情况了。因此，我们在分析时，要时刻牢记经营资产自由现金流的本原意思是：公司通过经营活动赚取的可以自由支配的现金。公司通过经营活动赚取的现金并不都是可以随便花的，首先需要做的就是经营规模和能力的保全（变旧的固定资产以及无形资产都需换成新的）。如果不进行经营能力的保全，则该公司的经营能力就会越来越小。

因此，经营活动现金流量净额首先要高于一个公司的折旧摊销金额。折旧摊销在财务上的含义就是，提取出来以用于弥补一家公司经营规模和能力损耗的金额。我们的计算口径是：

经营资产自由现金流＝公司维持原有生产经营能力前提下的增量现金流入＝经营活动现金流量净额－保全性资本支出

由于从财报中很难直接得到保全性资本支出的金额，我们通常用长期资产的折旧摊销来做近似代替，即：

公司自由现金流＝经营活动现金流量净额－固定资产折旧－无形资产和长期待摊费用摊销－处置长期资产的损失

此外，还要注意不同公司的自由现金流计算是有差异的，并非所有公司都要按照这个口径来计算，要根据不同的公司做不同的调整。

接下来，我们会在本书后续章节中结合具体案例来展示上述实际自由现金流的计算过程。这里，我们只要记住**资本性支出可区分为保全性资本支出和扩张性资本支出，在计算实际自由现金流时只需扣除保全性资本支出。**

作为股票投资者，真正关心的就是股东所能提取的现金，即股东盈余。一般而言，一个现金流不好的企业往往不是什么好的企业，没有相应现金净流量支撑的利润，往往只是账面财富，对于投资者来说不会增加任何实际收益。**一个好的企业，应该能产生充沛的现金流，最好接近甚至超过净利润，这样净利润的含金量会很高，我们只关注这样的企业。**

最后，我们当然还要**关注现金流的变化**，当出现异常变化时，要引起特别重视，找到引起这种变化的原因。

◆ 本节小结

- 一个企业的价值等于其未来自由现金流的折现。这是一种计算方

法，更是一种思维方式

- 企业资本性支出可区分为保全性资本支出和扩张性资本支出，在计算实际自由现金流时只需扣除保全性资本支出
- 好的企业能产生充沛的现金流，最好接近或超过净利润
- 回避现金流不好的企业
- 选择未来现金流相对稳定、相对好预估的企业，毛估衡量，留足安全边际
- 关注现金流的变化，找到引起变化的原因

第四节　产品具有重复消费特性

一个好的企业，其提供的产品或服务，都必须要有重复消费的特性，而不能是一锤子买卖，这是笔者非常强调的特性。我们来看一下好企业是不是具有这样的特性。比如以茅台、五粮液为代表的白酒企业，其产品显然会被长期重复消费；阿里巴巴、腾讯、脸书、谷歌这些互联网企业所提供的互联网服务会被用户反复使用；片仔癀提供的中药保健品、香港交易所提供的交易服务也会被用户反复使用；美国的达芬奇手术机器人除了本身会被用户反复购买之外，其机械臂更会被用户以更高频率购买，因为机械臂是一种高值耗材，每条机械臂使用 10 次左右便不能继续使用，需要反复购买才能长期维护整个机器的性能。相反，那些出售不具备重复消费特性的产品和服务的企业则很难算是好企业，比如以前在美股上市、后来退市的世纪佳缘网，它所经营的业务是通过网络帮用户找婚恋伴侣，这本身是致力给用户带去幸福的生意，从社会价值考量，意义很大；从商业角度考量，它的商业模式不是很好，因为每个用户使用它的目的都是早日找到潜在的婚恋伴侣，然后便一起退出这个网站，

不再使用它的服务。再举个例子，也是在美股上市的达内科技，这家企业主营是给成年用户提供职业教育培训，然后将人才输送给用人企业。一旦用户完成培训找到了工作，目的就算达到了，因此很少有人会再回到达内继续学习。因此，达内需要不停地招新生，一茬培训完再去招一茬，这样市场营销成本会持续升高，从一个用户身上只能赚一次钱，因而市场总量不大。相对地，同样是做教育培训的企业，在美股上市的好未来主营是K12教育，涵盖从幼儿园到小学再到高中阶段的教育辅助培训，小孩子学完一年很容易再学一年，甚至多年，续班率非常高，因此可以从一个用户身上赚多年的钱，这种商业模式就很好，反映到资本市场上的表现就是好未来长年走牛，而达内科技则多年不振。从上述例子我们能够看出，**提供的产品或服务具有重复消费、使用、购买的特性是一个好企业的重要特征，其中的道理是，重复消费，在一个用户身上多次赚钱，获得新用户的营销成本相对较低，同时市场容量增大多倍**。那种一锤子买卖，需要不断投入营销成本获得新用户，然后只能赚一次钱就又得继续寻找新用户的企业，生意做得很辛苦。那么有没有特例呢？就是虽然是一锤子买卖，但是还是很赚钱，赚大钱，在资本市场上是大牛股。这样的例子乍一看好像还真有，比如在美股上市的医药巨头吉利德，其治疗丙肝的明星药物Sovaldi和Harvoni一下子把丙肝的治愈率拉到了90%以上，销量一飞冲天，年销售额一度在百亿美元以上，直接把吉利德的市值从300多亿美元送到2015年7月顶峰的1 600亿美元，跻身全球前十大医药企业。其产品Sovaldi和Harvoni是丙肝的特效药，没有重复消费特性，那么为何生意也很不错呢？其实，我们再进一步分析会发现，首先，这两款丙肝特效药因为疗效十分突出，口碑传播、媒体传播非常迅速和广泛，导致其市场营销推广不必花费太多；其次，这些药售价十分高昂，即使用户不会反复购买，市场总量也不小。不过，即使像Sovaldi和Harvoni这样重磅的特效药，随着一系列超高治愈率同类竞争产品的上市，丙肝患者数量的迅速减少，其每年的销售额也从巅峰时期的过百亿美元断崖式下跌到10亿美元以下，吉利德的市值目前也只有不到800亿美元，是其巅峰时期的一半左右。可见，即使拥有像Sovaldi、Harvoni这样的畅销产品，但由于没有可重复消费的特性，从长期来看，企业也很难持续向好。

◆ **本节小结**

- 我们所关注的好生意，其提供的产品或服务，必须要有重复消费的特性，而不能是一锤子买卖
- 具有重复消费特性的生意，其营销成本相对较低，市场容量相对较大，具有长牛股潜力

第五节　具有定价权

当你考察一个企业，在打开财务报表看它的毛利率、ROE、现金流等指标前，是否就能大体判断它的生意是好还是坏呢？**一个简单而有效的方法是想想它提供的产品或服务是否具有定价权。**定价权指企业对其产品价格的制定拥有主动权，提高产品售价不会对需求有负面影响或影响很小。拥有定价权的企业在成本上升的情况下可以顺利通过提价将新增成本传导给下游且很少影响销量。巴菲特也曾经说："评估企业最重要的是看它的定价能力。如果一家企业提高价格的同时不担心把业务拱手让给竞争对手，那么它的发展一定会很好；而如果一家企业在提价10%之前还要祷告，这毫无疑问是没什么吸引力的企业。"

以巴菲特引以为豪的喜诗糖果为例，"1972年，我们买了喜诗，喜诗每年以每磅1.95美元的价格，卖出1 600万磅的糖果，产生400万美

元的税前利润。我们买它花了 2 500 万美元。我和我的合伙人觉得有一种尚未开发出来的定价魔力，每磅 1.95 美元的糖果可以很容易地以 2.25 美元的价钱卖出去。每磅 30 分的涨价，1 600 万磅糖果就是额外的 480 万美元呀，所以 2 500 万美元的购买价还是划算的。”喜诗糖果真的具有巴菲特认为的这种定价权吗？果然，在巴菲特买了喜诗后，“我们每年都在 12 月 26 日，圣诞节后的第一天，涨价。圣诞节期间我们卖了很多糖。今年，我们卖了 3 000 万磅，一磅赚 2 美元，总共赚了 6 000 万美元。十年后，我们会赚得更多。在那 6 000 万美元里，有 5 500 万美元是在圣诞节前 3 周赚的。耶稣的确是我们的好朋友，这确实是一桩好生意。”加州人如此喜爱喜诗糖果，甚至到了不可救药的程度，这也是喜诗糖果能够不断涨价的根本原因。“我们知道在加州，每个人都有一个想法。他们心中对喜诗都有一些特殊的印象，他们绝对认可这个牌子的糖。在情人节，给女孩子喜诗的糖，她们会高兴地亲它。如果她们把糖扔在一边，爱理不理，那我们的生意就糟糕了。我们要灌输到加州人脑子里的是女孩子爱亲喜诗的糖。如果我们能达到这个目的，就可以涨价了。”接着巴菲特描述了喜诗深入人心的一幕幕场景，既生动又风趣：“如果你再想想，多数人都不买盒装巧克力来自己消费，他们只是用它来作为生日或节日的馈赠礼品。每年的圣诞节是最重要的销售季节，女人买糖是为了圣诞节，她们通常在那前后两三周来买。男人买糖是为了情人节，他们在回家的路上开着车，我们在收音机节目里放广告，‘内疚，内疚’，于是男人们纷纷从高速路上出去，没有一盒喜诗巧克力在手，他们是不敢回家的。情人节是销售最火的一天，在情人节那天，喜诗的价格已经涨到 11 美元一磅了。当然还有别的牌子的糖果是 6 美元一磅。但是你能想象当你在情人节的时候回家，递给你的那位 6 美元一磅的糖，说‘亲爱的，今年我买的是廉价货’，这绝不可能行得通！”

根据现代行为经济学的研究，人们往往在潜意识里会把自己的钱根据不同的消费目的而分放在不同的心理账户中，比如用于自己的消费和用于给他人送礼的消费是从不同的心理账户中支出的，用于自己日常消费的心理账户对价格相对敏感，而用于给他人送礼的那个心理账户对价格则不太敏感，相对大方。喜诗糖果正是通过自身品质和营销手段把自己跟爱的表达捆绑在一起从而占据了人们用来送礼的那个心理账户，使得人们对其涨价不再敏感，进而拥有了一定的定价权。

巴菲特还曾以迪士尼为例，“迪士尼在全世界卖的是 17.95 美元或 19.95 美元的家庭影像制品。人们，更具体地说，那些当妈妈的对迪士尼有着特殊的感情。在座的每个人在心中对迪士尼都有着一些情愫。如果我说环球影视，它不会唤起你心中的那种特殊情愫；当我说 20 世纪福克斯公司，你也不会有什么反应，但是迪士尼就不同。这一点在全世界都如此。那些（迪士尼的）影像制品，你可以放心让小孩子每天看几个小时。你知道，一部这样的影片，小孩子会看上 20 遍。当你去音像店给孩子挑选影片时，你会坐在那儿，把十几种片子都看上一遍，然后决定你的孩子会喜欢哪一部吗？这种可能性很小。实际发生的情形往往是，你看到别的牌子卖 16.95 美元，而迪士尼的卖 17.95 美元，你不太有时间会仔细挑选，但你知道买迪士尼的肯定不会错，所以就买了。在某些你没有时间的事情上，不一定非要做出最佳的决定，做出不坏的决定就足够了。对迪士尼而言，就可以因此以更高的价格，卖出多得多的影片，多好的生意！”

我们再来看一下在 A 股上市的好企业。茅台酒在 1981 年国家制定的零售价仅为 7 元/瓶，90 年代涨到 200 元/瓶左右，2011 年出厂价格涨到 619 元/瓶，市场成交价甚至达到 2 000 元/瓶左右，到了 2020 年，出厂价格涨到 969 元/瓶，厂家指导价为 1 499 元/瓶，而市场成交价则飙升至 2 600 元/瓶左右。伴随着产品涨价，产品销量也是一路飙升，可谓量价齐升，完美地呈现了强大的定价权。片仔癀从 2005 年前的 130 元/粒，经过十余次涨价后上涨到现在的590元/粒，销量也是一路攀升。

麦肯锡曾对全球1 200家上市公司5年间的平均经济指标做过统计：平均来看，产品价格每提升1%，经营利润提升8.7%，杠杆高达8.7倍。可以说，**提价是推动企业利润增长最好的方式。**

当然**定价权也是相对的，有限度的。**比如东阿阿胶的价格从2001年的80元/公斤上涨到如今的8 000元/公斤，提价幅度惊人，不过2019年营收同比出现了59.68%的暴跌，显示出涨价已经严重影响到了销量。其实，根据**经济学需求第一定律，价格提高，商品的需求量就减少，价格降到一定程度，需求量就会增加。即使是有定价权的产品或服务也不能例外。**我们上面举的茅台量价齐升的例子，实际上茅台的涨价一定也会抑制部分需求，只是由于随着人们生活水平的提高，相对受提价影响而减少的那部分需求被更多新的需求覆盖了，因此，即使是茅台也不能做到任意涨价而不影响其销量。

我们关注的**定价权需要具有持久性。**比如很多强周期行业的企业，在周期上行的时候，产品往往供不应求，价格可以一涨再涨；然而，等到周期反转下行的时候，产品则出现滞销，价格也一落千丈。在充满竞争的市场中，**持久的定价权是十分稀缺的，它反映的是企业的某种独特的、具有一定垄断性的竞争优势，可以给用户提供具有稀缺性的、不可替代的产品或服务。**另外，值得我们注意的是，尽管定价权反映了某种程度的垄断——或是垄断了用户的需求或是垄断了用户的心智，但是**垄断不必然带来定价权**，比如一些像高速公路、自来水公司这样的公共事业，虽然具备一定的垄断性，但是其定价是由政府主导的，企业自身并不具备定价权。

◆ 本节小结

- 定价权是指企业对其产品价格的制定拥有主动权，若提高产品售

价不会对需求产生很大负面影响，在成本上升的情况下可以顺利通过提价将新增成本传导给下游

- 判断企业的好坏，一个简单有效的方法是看它提供的产品或服务是否具有定价权

- 拥有定价权的企业体现了某种垄断性竞争优势，可以给用户提供具有某种稀缺性、不可替代的产品或服务

- 垄断不必然带来定价权

- 定价权是相对的，有限度的

- 我们关注的定价权需要具有持久性

第六节　具有宽广持久的经济护城河

经济护城河是指一个企业能够建立起竞争壁垒，抵御竞争对手的进攻，长期保持其竞争优势，从而保证其长期经济利益的能力。经济护城河理论是巴菲特在其导师格雷厄姆所创立的价值投资经典理论基础上的重大创新，使价值投资所关注的视野从定量为主寻找烟蒂式的机会拓展到定性为首强调以合理的价格购买优秀企业，这也是巴菲特对投资的认知水平“从猿进化到人”的重要标志之一。

我们看看巴菲特是怎么定义和阐述经济护城河概念的。1993 年巴菲特在致股东的信中，首次提出了“护城河”概念。他说：“最近几年，可口可乐和吉列剃须刀在全球的市场份额还在增加，它们的品牌威力、产品特性以及销售能力赋予它们一种巨大的竞争优势，在它们的经济堡垒周围形成了一条护城河。”在 1999 年接受《财富》杂志采访时，巴菲特进一步阐述了经济护城河这个他投资的核心理念之一，“投资的关键不在于评判一个行业在多大程度上影响社会，或者它能多大程度上成长，

而是面对一家企业确定其竞争优势何在以及持久性如何，具有宽广的可持续性的护城河包围的产品或服务才是可能给投资者带来回报的”。

2007 年巴菲特在致股东的信中说道：**“一个伟大的企业一定有一条持久的护城河来保护投资资本的优异回报**。但资本主义的活力使得能赚取高额回报的生意‘城堡’都会受到竞争者的不断攻击。因此，一道难以逾越的屏障，比如成为低成本提供者，像盖可保险（CEICO）或好事多超市（Costco）；或者拥有享誉世界的强大品牌，比如可口可乐、吉利、美国运通，才是企业获得持续成功的根本。商业史中充斥着‘罗马烟火筒’（Roman Candle）般光彩炫目的企业，它们所谓的护城河最终被证明只是幻象，很快就被对手超越。我们对‘持续性’的评判标准，使我们排除了许多处在发展迅速、持续变化的行业里的企业。尽管资本主义的‘创造性的破坏’对社会发展非常有利，但它排除了投资的确定性。拥有一道需要不断重复开挖的‘护城河’，就等于没有护城河。另外，这个标准也排除了那些依靠某个伟大的管理者才能成功的企业。当然，一个很棒的 CEO 对任何企业都是一笔巨大财富，伯克希尔拥有相当数量这样的经理人，他们有能力创造出巨大的财富，这是让一般 CEO 们来运营永远无法实现的。但是如果一个企业依赖一个超级明星才能产生好成效，那这个企业本身不能被认为是好的。一家在某地区最好的脑外科医生领导下的医疗合伙诊所，可能享有巨大且增长的收入，但是这对它的将来说明不了什么。随着该外科医生的离开，这个合伙诊所的‘壁垒’也将一起消失，然而，就算你不能叫出梅奥诊所（Mayo Clinic）（美国最好的医院之一）CEO 的名字，你也能预计它的护城河能持久。**我们要寻找的企业，要在一个稳定的行业中具有长期的竞争优势**。如果它有着快速的内生式成长，很好，即使没有内生式成长，这样的企业也是值得的。我们只需简单地把从这些企业中获得的可观收益，去购买别处类似的企业就好。没有什么规定说，钱是哪儿赚来的，就必须投在哪儿。

事实上，这样的做法通常是一个错误：即使再伟大的、能从有形资产中获得巨大回报的公司也无法做到在其任何存续期内，都能通过再投资其很大部分的收益来持续获取高收益。”

巴菲特在上面这些论述中已经把经济护城河的概念阐述得很清晰了，那么如何识别具有经济护城河的企业呢？世界著名投资研究和评级机构晨星公司股票研究部的负责人帕特·多尔西曾经写过一本书叫作《巴菲特的护城河》。在这本书中，多尔西指出：①护城河是一个企业内在的结构性特征，而铁一样的事实告诉我们：**某些企业天生就是比其他企业优越**。②优质产品、高市场份额、有效执行和完美管理，并不会自发创造出长期竞争优势，拥有它们固然不错，但这还不够。③结构性竞争优势的四个来源是**无形资产（Intangible Assets）**、**客户转换成本（Switching Cost）**、**网络效应（Network Effect）**和**成本优势（Cost Advantage）**。如果你眼中的一个企业拥有出色的资本回报率以及其中的某一个特征，那么，你很可能已经找到了拥有护城河的企业。

企业拥有的**无形资产**，如品牌、专利或法定许可，能让企业出售竞争对手无法仿效的产品或服务；企业出售的产品或服务让客户难以割舍，这就形成一种让企业拥有定价权的**客户转换成本**；有些幸运的企业还可以受益于**网络效应**，这是一种非常强大的经济护城河，它可以把竞争对手长期拒之门外；最后，有些企业通过流程、地理位置、经营规模或特有资产形成**成本优势**，这就能以低于竞争对手的价格出售产品或服务。

帕特·多尔西对经济护城河来源的上述总结，是对巴菲特护城河理论更为系统的诠释，充满了真知灼见。之后，晨星公司在上面四类护城河来源的基础上又增添了一个来源——**有效规模（Efficient Scale）**，即一个容量较小的市场，只能容得下一家或极少几家企业，对于潜在竞争者无利可图，这样就自然形成了垄断。

晨星公司根据这五个方面评估公司护城河壁垒的强度，并开发了一款指数——晨星宽护城河聚焦指数（Morningstar Wide Moat Focus Index），其5年、10年、15年绝对收益的年化收益率分别为15.52%、15.30%和12.75%，其相对同期标准普尔500指数的超额收益分别为3.90%、1.80%和3.79%，[1] 这是非常优异的表现了。要知道标准普尔500指数是由美国股市中公开上市的500家主要公司股票组成的，集中了各个行业的龙头和优秀企业，要战胜这些企业构成的标普500指数，特别是长期战胜，是非常困难的。

可见，长期持有一揽子拥有护城河的企业很有可能获得超额收益，我们找寻的好企业，当然也要具有护城河这样的竞争壁垒。不过我们对好企业的护城河来源有着自己的看法和要求，和晨星所总结的有所相同，亦有不同，我们来一一看下。

无形资产，即企业所拥有的诸如品牌、专利或法定许可等无形资产，能让该企业出售竞争对手无法仿效的产品或服务。毫无疑问，这也是我们所要寻找的一类好企业的特征，不过我们**主要关注的是品牌这种无形资产**，而且要考察该品牌是否能给其产品或服务带来一定的定价权。**不能带来定价权的品牌，不是真正的护城河。**此外，我们对专利、法定许可这样的无形资产不太看重。这是因为专利保护比较困难，一方面，竞争对手会想方设法打擦边球绕过专利，要证明其侵犯专利不太容易，往往耗钱耗时耗力，目的还未必能达到；另一方面，专利保护的实施力度和效果主要取决于各国各地区的相关法制是否健全，存在很多不确定性（想想很多欧美重磅药在印度的遭遇，印度有专利强制许可）。法定许可也是类似，一旦取消，护城河则随之消失，不确定性也很大。因此，**专利、法定许可这样的无形资产不是我们关注的重点。**

客户转换成本，即企业出售的产品或服务让客户难以割舍，对其产

---

① http：//www.moneychimp.com/features/market_ cagr.htm.

生了黏性，如果更换则代价较大，所以客户不会轻易转换到其他产品和服务上。这也是我们关注的一类好企业的特征。这里要特别指出的是，那种靠低价格而获得的所谓客户黏性不是我们关注的重点，这是因为仅靠低价格很难获得客户的忠诚，并且长期保持低价格优势也非常困难，这样一旦低价格优势不在甚至不大的时候，客户就会转换到其他产品或服务上，即通过低价获得的客户黏性其客户转换成本不大。不过需要注意区分的是，对于一些平台型生意而言，低价所换来的客户黏性是较大的而且具有相当的持久性。比如亚马逊、阿里巴巴这类平台型企业，其低价格是靠其自身的规模效应，以及由其背后千千万万的供应商或入驻商家所支撑的，不依赖于某一个供应商或商家，因此其低价优势具有相当的持久性，对客户具有较大的黏性，客户转换代价较大、成本较高。

网络效应，是指用的人越多就越好用，而越好用用的人就越多，具有正反馈自我强化特征。网络效应实际上体现了较强的客户黏性和较高的客户转换成本，但是由于其太过重要且在互联网时代呈现得越来越多，因此很有必要把网络效应单独列出来阐述。这当然也是我们要找的一类好企业的特征。

有效规模，即一个容量较小的市场，只能容得下一家或极少几家企业，对于潜在竞争者无利可图，这样就形成了自然垄断。**从寻找好企业的角度来看，我们主要关注的是市场规模较大的生意。**当考察具有有效规模特征的企业时，主要是看这个企业的市场容量到底有多大及其分红政策如何。如果市场容量太小，赚不了多少钱可能就不用关注了，如果市场容量虽然不算大，但是每年赚的钱还挺多，分红比例还挺高，那么这类企业也是我们关注的，因为这个企业也许无法成长到多大，但是能源源不断地提供分红现金，我们可用于其他地方投资，因此其不失为一个好企业。

综合垄断，这是本书新引入的一个护城河来源，是指一家企业的护城河来源是由多种复合因素构成的，并且这些复合因素中每一个因素都几乎同样重要，因此很难用单一的护城河类型来概括其特性。事实上，有很多企业都具有多种护城河，比如腾讯就同时兼有网络效应和用户转换成本这两种护城河，但因为其网络效应因素更为突出，因此我们把其护城河特点归类为网络效应。像波音这样的企业，其护城河来源是资金、技术、专利法定许可等无形资产，客户转换成本，网络效应等多种因素，很难用其中一种因素来概括其护城河类型，我们就把其护城河类型归类为综合垄断，这将在后面的相关章节中进一步详细阐述。

此外，在晨星归纳的护城河来源中有一个**是成本优势，**但在我们看来，成本优势很难长期保持，受竞争对手的进攻威胁较大，受宏微观经济周期、行业供需的波动影响较大，对管理水平的要求很高，因此就算是护城河，也是比较窄、比较浅的护城河，**不是我们选好企业所关注的宽广而持久的护城河。**

我们将在下面几章中按照选好企业所关注的护城河来源分类，对一些中外上市公司按照本章中所给出的标准，进行详细分析，以帮助读者更好地理解什么样的企业是值得我们关注的好企业，是容易产生超级大牛股的企业。

◆ 本节小结

- 经济护城河是指一个企业能够建立起竞争壁垒，抵御竞争对手的进攻，长期保持其竞争优势，从而保证其长期经济利益的能力
- 好企业（大牛股）应具有宽广而持久的护城河
- 拥有一道需要不断重复开挖的护城河，就等于没有护城河
- 好企业所具备的护城河来源有：无形资产、客户转换成本、网络效应、有效规模和综合垄断
- 成本优势不是我们所关注的护城河因素

第二章

拥有定价权的品牌

第一章从不同角度描述了我们眼中的超级大牛股，一个核心的观点是持久的好企业都是有护城河的。从本章起到后面几章，我们将根据好企业护城河来源的不同，分门别类地以实际案例来讲解如何将我们的理论应用到投资实践中。

在本章中，我们考察的一类好企业是品牌具有定价权的企业 。品牌是一个企业重要的无形资产，它是一种错综复杂的象征，是产品或服务的属性、名称、包装、价格、历史、声誉、形象的组合，使企业得以把自身的产品或服务同竞争对手区分开来。在当代社会中品牌及其意义更加具有象征性、体验性，是无形的，即与品牌所代表的观念、精神有关，是消费者对于产品属性的感知、感情的总和，它表达的是企业的产品或服务与消费者之间的关系。品牌为什么这么重要？品牌的什么功效对企业来说如此重要？营销学者凯文・莱恩・凯勒教授在其被誉为“品牌圣经”的代表作《战略品牌管理》一书中指出，对于消费者来说，品牌指明了产品的来源或生产商，使消费者能明确辨识具体生产商或经销商。基于对产品的既有体验以及多年的购买经验，消费者知道哪些品牌能满足他们的需求，哪些品牌不能。因此，**品牌为消费者提供了简化购买决策的捷径**。消费者如果知道某个品牌，并且对它有一定了解，那么在选择产品时就不必再多做思考或分析有关信息。因此，从经济学的角度来看，品牌在两方面降低了消费者搜寻产品的成本——内在方面：消费者不必过多思考；外在方面：消费者无须到处搜寻。在现代社会，随着消费者的生活变得越来越复杂、紧张、仓促，面对海量信息时，品牌简化决策以及减少风险的作用就越来越大了。品牌与消费者之间的关系可以视为一种合同或协定。消费者对品牌的信任和忠诚暗示着他们相信这种品牌会有一定的表现，且该品牌会通过产品的一贯性能、合理的定价、促销分销计划和行动为他们提供效用。当意识到购买这种品牌的好处，并且他们在使用产品时有满足感，消费者就很可能会继续购买，即**品牌有助于促使消费者重复消费**——这正是我们在第一章所描述的好企业的重要特征之一！

品牌的功效不仅体现在功能性方面，品牌还具有象征作用，能让消费者投射自我形象。当品牌与某些特定类型的人联系在一起时，便能反映不同的价值观或特质。消费这种产品是消费者与他人，甚至是与自己传达信息的一种手段——即他们是什么类型的人或他们想成为哪种类型的人。对于企业来讲，品牌尽管是无形的，但它代表了一份有价值的合法资产，该资产能够影响消费者的行为，使企业有可能获得竞争优势。**一个好的企业，其品牌应具有一定的定价权，即能够带来交易中的价格溢价，能够持续带来额外利润**。比如奢侈品品牌路易威登、爱马仕等，别说是真皮包具，就算是一件纯棉 T 恤，只要是这些奢侈品牌出品的，就能比同样质地的普通品牌的纯棉 T 恤定价高得多。相反，尽管航空公司也有自己的品牌，但是它们的品牌很难让消费者愿意支付更多的价钱来购买同一段航程的机票，换句话说，它们的品牌不具备定价权。

下面我们结合具体案例，来分析三个具有定价权的好企业。

第一节　贵州茅台——品牌铸就的王者传奇

在 A 股不长的历史上，曾涌现过很多牛股，但要是说起股王，恐怕多数人都同意是贵州茅台。如图 2-1 所示，如果在 2001 年 8 月 27 日上市首日买入，到 2020 年 9 月 2 日，回报率将达到 380 倍左右（大体估算，未考虑分红），19 年时间复合年化收益率为 36% 左右，这是一个能碾压包括股神巴菲特在内的世界上任何一个基金经理的业绩。

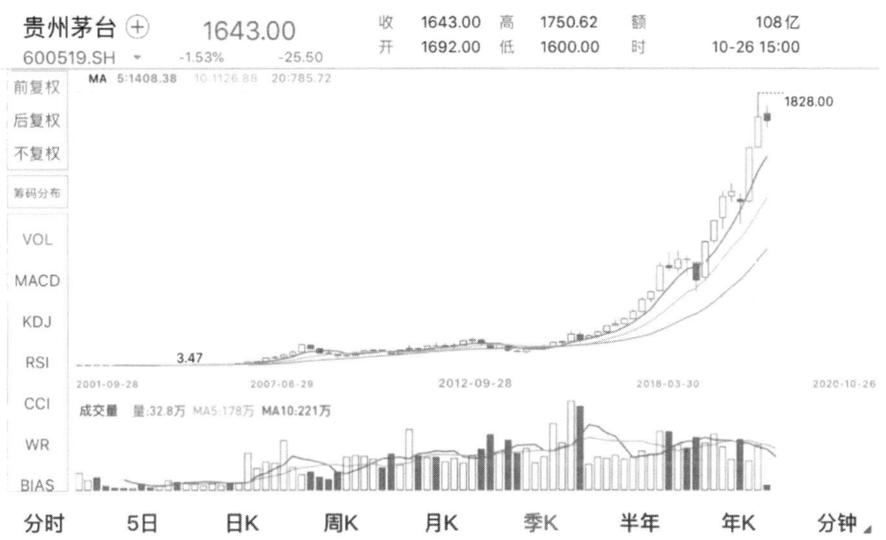

图 2-1　贵州茅台的历史股价走势图

资料来源：万得股票。

为什么贵州茅台的长期收益率会如此之高呢？让我们来看看它是怎样一家企业。

一、发展历程及酿酒工艺

茅台地区酿酒历史可追溯至东汉。汉使唐蒙出使夜郎路过今天的二郎时，僚人便用自酿的“蒟酱酒”来招待他。唐蒙把“蒟酱酒”带回长安，汉武帝大加赞赏，从此钦定其为岁岁来朝的贡酒。蒟酱就是当地的拐枣，学名叫枳椇，果实外皮比较青涩，而果肉比较甜。汉武帝喝的其实是低度果酒，跟今天的茅台酒没多大关系。在蒸馏技术发明前，中国人饮用的基本是酿造工艺生产的米酒，酒精浓度不超过 20 度。蒸馏技术的产生，推动了酿酒技术革命，明朝时期已经出现了高度“烧酒”。但是蒸馏酒的技术是如何发明的还是一个谜。

茅台镇开设正规作坊始于何时尚无明确考证，据茅台官网上的介绍，茅台最早的酿酒坊名称据考察是“大和烧房”，这个信息源于茅台杨柳湾一尊建于清嘉庆八年（1803 年）的化字炉上所铸的捐款名单中有“大和烧房”。这以后逐渐发展为三家“烧房”，最先开设的是“成义烧房”，其次是“荣和烧房”和“恒兴烧房”，后来又经辗转发展变迁，被分别称为“华茅”“王茅”和“赖茅”。1915 年美国为庆祝巴拿马运河通航，在旧金山举行了“巴拿马万国博览会”。“成义”和“荣和”（华茅和王茅）两家的酒作为名优特产送展，当时未加区分，一概以“茅台造酒公司”的名义送出，统称“茅台酒”，展会上茅台酒以其独特的品质征服了各国的评酒专家，被誉为世界名酒，与法国的科涅克白兰地、英国的苏格兰威士忌并称为世界三大蒸馏名酒，从此蜚声中外。获奖后华茅和王茅为国际金奖的所属争执不下，县商无法裁决，官司打到了省府。1918 年由贵州省公署下文调处，两家均有权使用“巴拿马万国博览会获奖”字样。1951—1952 年地方政府通过购买、没收的方法把成义、荣和、恒兴三家烧房合而为一，成立了国营茅台酒厂，此后一路艰难发展。茅台酒曾在周恩来宴请美国前总统尼克松的国宴上作为招待用酒，且多次在外交场合上扮演亲善大使的角色，这使得茅台品牌逐渐与国酒形象联系起来。

酿酒的技术本质上十分简单，两句话即可说清：第一步将粮食中的淀粉转化为葡萄糖；第二步将葡萄糖转化为乙醇，也就是酒精。但事实上，酒之所以甘醇馥郁，并非乙醇的作用，而是得益于发酵酿制过程中的副产物——大量的酸酯类有机物。这些复杂的有机物群构成了口感、香味、回味等一系列感受。目前已知浓香型酒中，香型成分有 400 多种物质，主要成分为己酸乙酯，而茅台酱香型酒中的香型物质高达 1 200 多种，主体香型有三种，分别是酱香、窖底香和醇甜香。正是茅台酱香型白酒的这三种主体香型，造就了酱香型白酒独具一格的香味，这得益于特殊的生产工艺，一瓶普通茅台酒，从投料至产品出厂，至少需要 5 年时间。这期间，要经历制曲、制酒、贮存、勾兑和包装 5 个过程，历经 30 道工序、165 个工艺环节。

酿酒的第一步是制曲。每年端午后，酒师们开始制造曲药。**曲药以小麦为原料，**先将小麦粉碎，加入水和“母曲”搅拌，放在木盒子里，工人站在盒子里用脚不停地踩。小麦经过“踩曲”做成“曲块”，用谷草包起来，进行“装仓”。大约 10 天后再进行“翻仓”，就是把曲块上下翻转，让每一面都能充分接触微生物。前后一般要进行两次翻仓。再过 30~40 天，曲块就做好可以出仓了，但是要使用的话还需要存储 40 天以上。在使用之前，要将曲块“切碎”，越碎越好。经过这样一番工序，生产一块合格的酒曲至少要 3~5 个月。

制好酒曲，时间已从初夏转入仲秋重阳节，在此时开始第二个关键步骤——“重阳下沙”。“沙”是茅台酒的核心概念，就是红粱即高粱。因为本地产高粱细小而色红，所以称为“沙”。“下沙”就是指投放**制酒的主料——高粱**。在制酒中，因所下“沙”的完整程度不同而产出不同的酒。茅台最著名的“回沙”工艺，即是指将高粱多次蒸煮出酒，而不是一次榨干酒分。茅台酒的用料讲究，一定要用本地产的高粱。这种高粱被称为糯高粱，粒小、皮薄、淀粉含量高，经得起多次蒸煮。外地高粱一般取到第五次酒后就被榨干了，只有本地高粱能完成七次取酒。茅台酒的关键是选择比较完整的高粱，只有如此才经得起多次蒸煮。下沙的第一步是“润沙”，即用 100℃左右的开水清洗几遍，然后将高粱上甑蒸煮，之后散在地上“摊凉”，由酒工用铲子不停地翻开，温度降至 35℃左右开始加曲。第一次加曲搅拌后要进行“收堆”发酵，即将酒糟堆成一个两米多高的圆锥。发酵时间需要酿酒师依据温度灵活掌握。茅台酒讲究高温发酵，一般外层温度达到50~60℃才结束这一环节，酿酒师把手插进堆子，依据烫手的程度进行判断。第一次发酵完成后，把酒曲铲入窖坑进行封存——进入“窖期”。窖坑有3~4米深，能装15~20甑的酒糟。与浓香型酒不同，酱香型酒的窖坑是用石块而不是用泥土砌成墙壁，否则酱味就不浓了。窖坑要用本地黄泥封住，不能透气，在窖期中要经常检查，时常洒点水，防止干裂进气。大概一个月后，窖坑打开，开始“二次投料”，即按照1∶1的比例，加入新的高粱，继续上甑蒸煮。摊凉后加入曲药，收堆发酵，然后重新下窖。前两次蒸煮原料都不取酒，只为增加发酵时间，裹挟更多微生物。再度过一个月左右的窖期，开始第三次蒸煮。时间到了12月至1月，这才开始进行第一次取酒。之后再对酒糟进行摊凉、加曲、收堆、下窖等流程。如此周而复始，每月一次，直至第七次酒取完后，时间已经到了第二年的8月，酒厂才开始“丢糟”。第三次、第四次、第五次出的酒称为“大回酒”，第六次出的酒称为“小回酒”，第七次出的酒称为“追糟酒”。其中第三至第五次出的酒最好喝，第一至第二次的酒酸涩辛辣，最后一次发焦发苦。但是每一次出的酒都有用处，出厂的酒就必须经过不同批次酒之间的勾兑。茅台调酒大师以“酱味”“醇甜”和“窖底”三种酒体来归纳和区分不同批次的酒。新酒酿出后要装入陶土酒坛中封存，形成“基酒”。第一年进行“盘勾”，就是按照酱味、醇甜、窖底三种味道进行“合并同类项”，然后再存放3年。3年后，按照酒体要求进行“勾兑”，即用几种基酒甚至几十种基酒，按照不同的比例勾兑出一种酒，形成一定的口味、口感和香气效果。勾兑一直是酿酒过程中比较神秘的工序，勾酒师凭借自己的味觉进行搭配，如同五行相克一般，把不同轮次的酒调在一起，寻找味道之间的平衡与层次感。勾兑完成后，最后一项工作是“调味”，调味的时候要加“调味酒”。调味酒是酒厂用特殊工艺生产出来的，这是各家酒厂的核心机密。调味酒味道特殊，每次只添加少量。勾兑、调味完成后，还要继续存放半年到一年，等待醇化和老熟后才灌装进入市场。

上述工艺过程，也就是俗称的“12987”生产工艺，即1年一个生产周期，其间通过2次投粮，9次蒸煮，8次发酵，7次取酒，并经过最短长达3年以上的窖藏，再勾兑，调味，继续存放半年到一年，方可到达消费者手中，**一瓶地道的茅台酱香型酒从开始生产到到消费者手中至少需要5年时间**。

二、企业特征

在简要了解了茅台酒的历史和酿造工艺后，让我们用第一章归纳的好企业特征来对其进行一下“体检”。

（一）毛利率

我们先来看一下2015—2019年贵州茅台的毛利率情况（见表2-1）。

表2-1 2015—2019年贵州茅台的毛利率情况

	2015年	2016年	2017年	2018年	2019年	5年平均
毛利率（%）	92.23	91.23	89.80	91.14	91.37	91.15

资料来源：公司年报。

由表2-1可知，贵州茅台的毛利率高达90%左右，远高于我们认为的一个好企业其毛利率至少要达到30%的要求。更难能可贵的是，贵州茅台能够长期保持着这么高的毛利率，持久且稳定。茅台酒的原料是以高粱为主，以小麦和水为辅，这些普通农产品和自然资源的价格成本相对低廉，没有什么议价权，而卖出的成品酒却因为强大的品牌而能有很高的价格，而且还供不应求，这造就了贵州茅台持久而稳定的超高毛利率。

（二）净资产收益率（ROE）

我们再来看一下2015—2019年贵州茅台的净资产收益率情况（见表2-2）。

表 2-2　2015—2019 年贵州茅台净资产收益率情况

	2015 年	2016 年	2017 年	2018 年	2019 年	5 年平均
净资产收益率（%）	46.42	24.44	32.95	34.46	33.25	30.30

资料来源：公司年报。

由表 2-2 可知，贵州茅台的净资产收益率多年保持在较高的水平上，远高于我们对好企业要求的 15%。那么质量到底如何呢？根据杜邦公式，净资产收益率=净利率×总资产周转率×杠杆系数，我们列出 2015—2019 年的相关数据，见表 2-3。

表 2-3　2015—2019 年贵州茅台相关财务数据

	2015 年	2016 年	2017 年	2018 年	2019 年
净利率（%）	50.38	46.14	49.82	51.37	51.47
总资产周转率（倍）	0.44	0.40	0.49	0.52	0.52
资产负债率（%）	23.25	32.79	28.67	26.55	22.49

资料来源：公司年报。

由表 2-3 可知，其净利率也很高；但资产负债率并不高，其中还主要是预收款；总资产周转率也不高，这是大部分资产以货币及类货币形式存在的缘故。因此，贵州茅台的净资产收益率质量非常高，可谓优秀。

（三）自由现金流

我们在第一章讲过，企业在发展过程中，其资本支出的很大一部分用于扩张经营规模和品种。因此，我们在计算现金流时，如果只是简单地把所有资本支出都从经营现金流中减去，所得的现金流会大大降低，可能导致我们对企业经营的真实情况产生误判。因此，我们在计算现金流时对资本支出做一区分：保全性资本支出和扩张性资本支出。在实际计算中，尽管有时候可以从财报中得到保全性资本支出和/或扩张性资本支出，但大多时候是很难从财报中得到这两种资本支出区分后的相应数据的，在这种情况下，我们通常用**长期资产的折旧摊销来做保全性资本**

支出的近似替代，因此公司自由现金流=经营现金流净额-固定资产折旧-无形资产和长期待摊费用摊销-处置长期资产的损失。

下面我们就以长期资产的折旧摊销来做保全性资本支出的近似替代，计算贵州茅台实际的自由现金流情况，即自由现金流=经营现金流净额-保全性资本支出（固定资产折旧+无形资产和长期待摊费用摊销+处置长期资产的损失）（见表2-4）。

表2-4 2015—2019年贵州茅台的现金流情况

	2015年	2016年	2017年	2018年	2019年
1 经营性现金流净额（亿元）	174.36	374.51	221.53	413.85	452.11
2 资产减值准备（亿元）	0	0.12	-0.08	0.01	0.05
3 固定资产折旧、油气资产折耗、生产性生物资产折旧（亿元）	7.61	8.43	10.35	10.85	11.50
4 无形资产摊销（亿元）	0.80	0.80	0.81	0.80	0.83
5 长期待摊费用摊销（亿元）	0.07	0.11	0.10	0.10	0.10
6 处置固定资产、无形资产和其他长期资产的损失（亿元）	0	0	0	0	0
7 固定资产报废损失（亿元）	0	0.02	0.03	0.02	0
8 非付现成本费用（亿元）=2+3+4+5+6+7	8.48	9.48	11.21	11.78	12.48
实际自由现金流（亿元）=1-8	165.88	365.03	210.32	402.07	439.63

资料来源：公司年报。

从表2-4可知，贵州茅台的经营性现金流净额在过去5年中，2017年有所骤降，但在之后的2018年又暴增，延续了之前连年增长的趋势。对于2017年经营性现金流净额骤降的原因，贵州茅台在当年年报中的解释是，“经营活动产生的现金流量净额减少主要是存放中央银行和同业款项净增加额及支付的各项税费等增加”。其存放中央银行和同业款项净增加额在2016年的金额为23.4亿元，到了2017年进一步增加到了87.3亿元，而到了2018年又回落到9.2亿元，2019年更是因为“存入的不可提前支取的定期银行存款到期”而导致减少了45亿元。这是财务制度上的安排，并不代表企业实际的经营情况。因此2017年贵州茅台经营性现金流净额同比骤降并不意味着其经营在当年出现了巨大下滑。

贵州茅台的实际自由现金流从2015年的165.88亿元增长到2019年的439.63亿元，复合年增长率约为21%，可谓增长强劲。

此外，值得一提的是，由于贵州茅台的生意是轻资产的类型，为了维持其生产能力，每年并不需要投入很多资金，因此其保全性资本支出相对很小，这一点我们从表2-4中也能看出。

接下来考察贵州茅台净利润的质量。**一个好的企业，应该能产生充沛的经营现金流，最好接近或超过净利润，**这说明利润大部分或全部是以现金方式实现的，成色足，质量高。以此为标准，我们看看贵州茅台利润的成色如何（见表2-5）。

表2-5 2015—2019年贵州茅台的净利润质量

	2015年	2016年	2017年	2018年	2019年
经营性现金流净额（亿元）	174.36	167.18	221.53	413.85	452.11
扣非净利润（亿元）	156.17	169.55	272.24	355.85	414.10
经营活动产生的现金流量净额与扣非净利润比	1.12	0.99	0.81	1.16	1.09

注：扣除非经常性损益简称“扣非”。

资料来源：公司年报。

我们看到，除了上文解释过的，2017年贵州茅台经营活动产生的现金流量净额因“存放中央银行和同业款项净增加额及支付的各项税费等增加”而骤然减少，由此导致经营活动产生的现金流量净额与扣非净利润之比为0.81，其余年份贵州茅台的经营活动现金流净额一直基本等于或大于其扣非净利润，因此利润质量很高，成色十足，是极好的企业。

（四）重复性消费

贵州茅台是否具有高复购率呢？答案显然是不言而喻的，比起大多数消费品，白酒更具成瘾性，这强化了它的重复消费特性。

（五）定价权

贵州茅台是否有定价权呢？据统计，自 2001 年上市以来，贵州茅台共提价 9 次，出厂价从 100 多元/瓶提到了 2018 年的 969 元/瓶，而且相信未来还会继续提价，具体见图 2-2。经济学“需求第一定律”告诉我们，在外界其他一切条件不变的情况，随着价格的增高，人们的需求量会变低，随着价格的变低，需求量会变大。我们观察到，贵州茅台在不断提价的同时，销量却未见下降，反而仍在增长。这并不能说明贵州茅台能打破经济学需求第一定律，而是反映了因生活水准的提升、消费能力的增长而产生的新的需求量超过了因价格上升而减少的那部分需求，从而在整体的需求量上呈现出上升趋势，这充分体现了贵州茅台具有罕见的、强大的定价权。

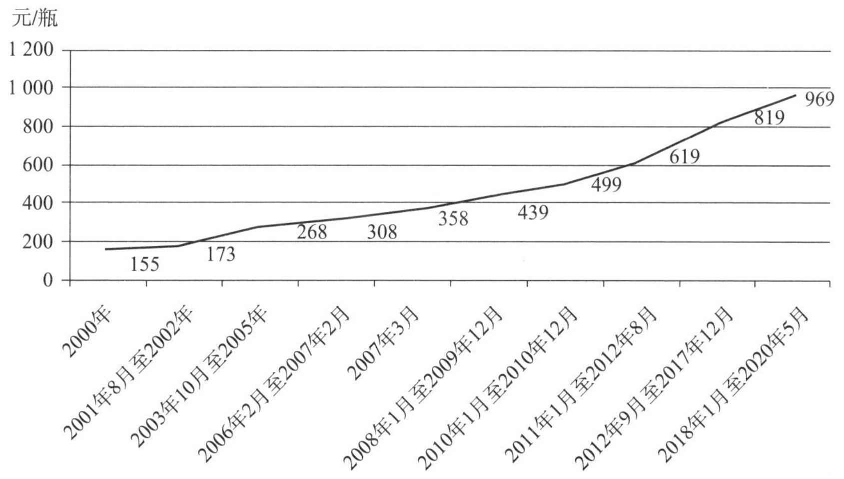

图 2-2　2000 年至 2020 年 5 月贵州茅台出厂价变化

资料来源：相关资料整理而得。

三、成功因素

贵州茅台为何如此成功值得我们探讨。在笔者看来，贵州茅台取得成功的核心原因有两点：

首先，贵州茅台身处白酒，特别是高端白酒这个好行业中。我们看到，在白酒行业，不仅贵州茅台，还有很多企业的经营都非常好，比如五粮液、泸州老窖、洋河酒、古井贡酒、汾酒，等等。这是因为白酒，特别是高端白酒天生就有优势。具体来说：

（1）白酒企业生产的原材料是高粱、小麦这些不太有差异化的农产品，其供应商没有什么议价权；而白酒，特别是高端白酒面对其消费者时却有一定的定价权。

（2）白酒不仅具有物质消费属性，更兼具精神消费属性。白酒企业之间存在着香型口味的差异（分酱香、浓香、清香、馥郁香、凤香、米香，等等），也有着不同的地域文化背景，它们之间的竞争不以拼价为主，而是强调口味以及精神层面的差异性、独特性，以抢占消费者的心智，并且总是力图提价，竞争关系良好。白酒，特别是高端白酒的这种精神消费属性不仅给消费者带去了很好的精神消费体验，更是构成了一道坚固的护城河，使得无论是新进入的白酒品牌还是外来的洋酒品牌都很难与之进行有效的竞争。

（3）白酒相对其他消费品而言更具有重复消费特性，使其市场容量成倍增加。

（4）白酒的主要消费群体是经济实力、消费能力最强的中年人。

（5）白酒的存货不同于一般商品，不仅适合长期保存（酒是陈的香），而且还会保值增值。

（6）白酒单价高，适合长途运输，销售半径极大。

（7）白酒具有社交辅助功能，不仅适合个人消费，也适合群体消费，不仅适合家庭场合消费，也适合商务场合消费，这进一步扩大了白酒的市场容量。

其次，贵州茅台通过品牌化运作，成功地将茅台酒在人们心智中定位为"国酒""最好的白酒"，与其他白酒显著区分开来，脱颖而出。消费者在喝茅台时，不管懂不懂酒，会不会喝，头脑中都很容易产生喝着最好的酒的联想，这会带来更愉悦的消费体验。在送礼宴请中，在不知道对方的口味偏好时，上茅台总不会错。一来茅台是公认的"最好的白酒"，这会让受请方觉得有面子、受重视；二来茅台的价格众所周知，受请方很容易估算出邀请方的成本，从而衡量这份情意的轻重。设想要是用洋酒来招待或送礼，即使价格比茅台酒更高，受请方也很可能因不熟悉洋酒及其价格而无法衡量邀请方欲表达的情意的轻重，从而达不到想要的目的。

四、估值

前文"自由现金流"一节说过，贵州茅台的实际自由现金流从 2015 年的 165.88 亿元增长到 2019 年的 439.63 亿元，复合年增长率约为 21%。当前茅台酒的出厂价仍维持在 2018 年 1 月调整到的 969 元，而市场上终端零售价已经涨到了 2 500 元左右，价差如此巨大，显示出茅台酒的供不应求，茅台的量价齐升仍然具有很大空间。

因此，保守估计，在接下来的 5 年内，贵州茅台的实际自由现金流仍能保持至少 10%的年化复合增速。对于这样一个拥有强大定价权、未来增长预期确定性极高，具有"永续性"经营的企业，给出 25~40 倍实际自由现金流的估值均属合理。2019 年贵州茅台的实际自由现金流约 440 亿元，2020 年实际自由现金流约为 440×1.1=484 亿元，那么其在 2020 年末的合理市值应为 1.21 万亿~1.94 万亿元。

再次强调，投资既是科学也是艺术，上述估值方法和结论具有一定的主观性，这里仅为读者提供一个参考。

五、结语与讨论

从以上的讨论可以看出，贵州茅台具有强大的品牌护城河，其生意模式之优秀在A股独树一帜，无愧于股王之称，即使放在世界范围内和顶级的企业来比较，也不遑多让。

那么可能有人要问，贵州茅台生意的风险在哪里呢？有种很流行的说法是，现在以及将来会有越来越多的年轻人不喝白酒了，因此包括茅台在内的白酒的需求量会一步步萎缩。笔者认为这种说法没有事实依据。相对啤酒和其他饮料，白酒的确不是年轻人的主流饮品，但是随着年轻人的年龄增长，口舌的敏感度下降（对白酒辣度的耐受度上升）、消费能力上升、社交送礼需求增多，会慢慢对白酒，乃至高端白酒有更多的需求。因此，在可预见的未来，对白酒特别是茅台这样的高端白酒的需求是不需要担忧的。

贵州茅台的真正风险可能还是来自中国经济发展放缓而引起的人们消费能力的增长放缓，甚至停止，继而对茅台酒的需求减少或对未来的提价能力产生抑制。此外，就是贵州茅台出现了重大的质量事故，对品牌产生了重大而长远的削弱。不过这些风险都只是理论上的，实际发生的概率非常小，在投资贵州茅台的考量中，这些风险需要在一定程度上予以考虑，但不必过分多虑。

第二节　涪陵榨菜——闷声赚大钱的“小”生意

涪陵榨菜于2010年11月23日上市，迄今10年，在此期间其股价上涨10倍左右（大体估算，未考虑分红），实现了10年10倍的涨幅（见图2-3）。榨菜这个在很多人眼中不起眼的小生意竟然在资本市场上如此受追捧，给投资者带来丰厚的回报，其中的奥秘在哪里呢？我们还是先从它的发展历程说起。

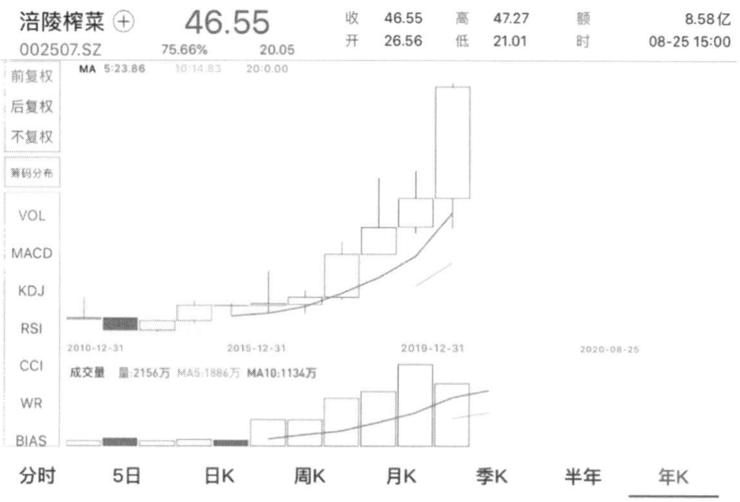

图2-3　涪陵榨菜的历史股价走势图

资料来源：万得股票。

一、发展历程

提起涪陵，几乎所有人都会想到榨菜。涪陵一带低山浅丘，常年潮湿多雾，自古就盛产青菜头。120多年前，涪陵人将青菜头腌制后脱盐、脱水，制成一种新的腌菜——“榨菜”。涪陵榨菜以青似碧玉，鲜、香、嫩、脆的独有口味名扬天下，与德国酸菜、欧洲酸黄瓜一道被誉为世界三大腌菜。若单以覆盖的消费人口数量和地域广度而论，涪陵榨菜则是德国酸菜和欧洲酸黄瓜望尘莫及的。

根据历史记载，涪陵榨菜起源于涪陵城西邱寿安家。邱寿安，清光绪年间涪州城西洗墨溪下邱家院人，早年在湖北宜昌开设“荣生昌”酱园，兼营多种腌菜业务，家中雇有资中人邓炳成负责腌菜的采办整理和运输。1898 年，下邱家院一带的青菜头丰收。邓炳成看到菜多难以加工便试着仿照大头菜的全形腌制法，将青菜头全部制成腌菜。制好后，邓炳成顺便捎带两坛到宜昌供邱寿安尝新。邱寿安又用它待客，亲友及同行一致觉得鲜香可口，为其他酱腌菜所不及。邱寿安顿生谋利之念，决定将它投入市场，次年（1899 年）正月，邱寿安赶回老家，指派邓炳成为技师，组织大量人员制造青菜头腌菜。初腌后，用压豆腐的木箱榨除盐水。邱寿安把这种用木箱除盐水后制成的新的腌菜制品取名为“榨菜”。当年生产 80 坛，全部运销宜昌，市场反响出奇得好，一售而空，获利十分可观。于是邱寿安严令家人及长工保密加工方法，连年扩大生产和销路。1908 年，邱寿安之弟邱翰章因经商顺便捎运 80 坛榨菜试销上海。当时无人问津，邱翰章在报上登广告，又以切细的小包榨菜在公共场所分送行人，并附上食用说明书，产品渐为消费者接受。1910 年，在上海已能销四五百坛，当时已有人将其转运国内其他市场，乃至南洋各地。自榨菜工艺发明以来，邱氏靠技术保密，独占榨菜市场十余年之久，直到 1912 年以后，其生产工艺泄露并迅速传开，涪陵榨菜加工业开始兴起。

1931 年，涪陵的榨菜加工厂（户）已达 100 余家。

1940 年，涪陵榨菜产量首次突破 20 万担，其销售市场以上海、武汉为中心辐射南北，并以转销形式出口至香港、南洋群岛等地。

1945 年，由于受抗日战争的影响，至战争结束时，涪陵榨菜产销量降到历史最低点，全年仅生产 2 万担。

1949 年后，涪陵榨菜得到了较快发展，生产、销售规模日益扩大。

1953 年，涪陵榨菜被国家纳入二类物资管理，由国家直接计划调拨，成为定量供应各省、市、自治区以及军需、出口的主要商品。

1959 年和 1978 年，全国供销合作总社等先后两次在涪陵举办全国青菜头种植、榨菜加工培训班，并从涪陵抽派技术人员到全国各地指导生产。从此，榨菜种植、加工技术逐渐传到全国各省、市、自治区。

1995 年 3 月，涪陵被国家命名为“中国榨菜之乡”。

历史的车轮行驶到了 2000 年，这时的涪陵榨菜虽已历经了百年沧桑，但始终未脱离家庭小作坊的生产模式，其产业规模也一直较小。就在这一年，涪陵榨菜迎来了其发展史上最重要的一次机遇——三峡库区移民。三峡工程蓄水需要库区移民，由于涪陵榨菜厂房多位于长江边上，三峡蓄水 175 米后，工厂将被完全淹没。因此，涪陵榨菜集团获得了 1.4 亿元的移民迁建资金。彼时的涪陵榨菜集团负债高达 1.75 亿元，潜亏挂账 4 400 万元，公司所辖的 20 多家工厂全是传统的手工式作坊，基本靠人工生产，产品质量得不到保证，生产效率也极低，年产量不到 2 万吨，一年的销售额不足 1 亿元。在这种状态下，移民迁建资金如同雪中送炭，成为涪陵榨菜命运的转折。借助这笔钱，涪陵榨菜开始了工业化改革。

在考察了美国、日本、韩国等国的腌菜工业化流程后，涪陵榨菜开始进行国际招标，对榨菜生产流程进行工业化改造，从德国引进了一条全自动化生产线，建成国内酱腌菜行业第一条榨菜自动化生产线。全自动化的生产线把工人从繁重的体力劳动中逐步解放出来，让榨菜行业告别了作坊式生产的历史，产品质量也有了保障。通过新建现代化生产线，新创榨菜品种，涪陵榨菜改革第一年即扭亏为盈。2001 年销售额 1.5 亿元，2002 年销售额 2.2 亿元。

2010 年，涪陵榨菜集团挂牌 A 股，成为国内酱腌菜行业首家上市企业。至今，涪陵榨菜已经诞生了 120 多年，年产销量已接近 50 万吨，产业总产值约 150 亿元，产品远销美国、日本、韩国等国外市场。涪陵榨菜从一款传统农产品出发，最终成为走向国际的现代农业品牌，成为带动当地经济发展的支柱。

二、企业特征

在简要了解了涪陵榨菜的历史和现状后，我们来检验下这家企业。

（一）毛利率

2015—2019 年涪陵榨菜的毛利率如表 2-6 所示。

表 2-6　2015—2019 年涪陵榨菜的毛利率情况

	2015 年	2016 年	2017 年	2018 年	2019 年
毛利率（%）	44.09	46.16	48.32	55.74	58.62

资料来源：公司年报。

涪陵榨菜的毛利率远高于 30%——这是我们对好企业毛利率的定义标准。难能可贵的是，它还有逐年提高的趋势，这是涪陵榨菜具有较强定价权、能够不断提价的结果。

（二）净资产收益率（ROE）

2015—2019 年涪陵榨菜的净资产收益率如表 2-7 所示。

表 2-7　2015—2019 年涪陵榨菜的净资产收益率情况

	2015 年	2016 年	2017 年	2018 年	2019 年
净资产收益率（%）	12.19	15.81	22.57	29.02	21.09

资料来源：公司年报。

由表 2-7 可知，除 2015 年，涪陵榨菜其余年份的净资产收益率都超过了 15%——这是我们对好企业的定义标准。在 2019 年之前，其净资产收益率一直是上涨趋势。2019 年净资产收益率之所以同比有所下降，主要原因是销售业绩同比下降。涪陵榨菜的解释是，2019 年国内宏观经济增速放缓，公司产品销售市场快速调整变化，传统渠道销量下滑，部分地区销售失序，导致公司产品销量同比下滑。为了适应市场的调整变化，公司实施了渠道创新、下沉市场做透、品类独立推广、销售队伍裂变的销售策略，市场推广费用同比增加，销售费用增加，导致公司净利润同比下降。这也很明确地反映在了数据上，2019 年涪陵榨菜的销售费用达 4.07 亿元，同比增长 45.03%。由于销售费用大幅增加，挤占了净利润，净利率下滑，同时资产周转率下降，进而导致净资产收益率同比下降。

不过，即使在业绩有所下滑的 2019 年，涪陵榨菜的净资产收益率依然高于 15%，依然十分优秀。2019 年其以牺牲部分利润为代价换来了库存在很大程度上的出清，使未来的发展得以轻装上阵。果然，这一点从涪陵榨菜 2020 年业绩中报上得以印证。数据显示，2020 年上半年涪陵榨菜的营业收入同比增长了 10.28%，归属于上市公司股东的扣非净利润同比增长 26.42%。

我们接着考察这么高的净资产收益率是否来自过高的财务杠杆，从表 2-8 可以看到，2015—2019 年涪陵榨菜的资产负债率并不高，如果进一步考察，会发现其有息负债基本为零，说明公司没有加载经营杠杆，没有需要支付利息的负债，所有负债均为经营性预收和应付。因此涪陵榨菜的净资产收益率不仅高，而且非常优质。

表 2-8 2015—2019 年涪陵榨菜的资产负债情况

	2015 年	2016 年	2017 年	2018 年	2019 年
负债总额（亿元）	2.70	3.47	5.22	5.29	2.35
资产总额（亿元）	16.60	19.32	24.84	29.78	33.62
资产负债率（%）	16.27	17.96	21.01	17.76	6.99

资料来源：公司年报。

（三）自由现金流

下面我们还是用长期资产的折旧摊销做保全性资本支出的近似替代，来计算涪陵榨菜的实际自由现金流情况，即自由现金流=经营现金流净额-保全性资本支出（固定资产折旧+无形资产和长期待摊费用摊销+处置长期资产的损失）。

表 2-9 为 2015—2019 年涪陵榨菜的现金流情况。

表 2-9　2015—2019 年涪陵榨菜的现金流情况

	2015 年	2016 年	2017 年	2018 年	2019 年
1 经营性现金流净额（亿元）	2.45	4.03	5.23	5.59	5.17
2 资产减值准备（亿元）	0.01	0.00	0.03	0.03	-0.03
3 固定资产折旧、油气资产折耗、生产性生物资产折旧（亿元）	0.39	0.53	0.56	0.55	0.66
4 无形资产摊销（亿元）	0.02	0.03	0.03	0.03	0.04
5 长期待摊费用摊销（亿元）	0.00	0.00	0.00	0.00	0.00
6 处置固定资产、无形资产和其他长期资产的损失（亿元）	0.00	0.00	0.00	0.00	-0.01
7 固定资产报废损失（亿元）	0.02	0.04	0.20	0.06	0.05
8 非付现成本费用（亿元）= 2+3+4+5+6+7	0.44	0.60	0.82	0.67	0.71
实际自由现金流（亿元）= 1-8	2.01	3.43	4.41	4.92	4.46

资料来源：公司年报。

由表 2-9 可知，涪陵榨菜的实际自由现金流除了在 2019 年同比有所下滑外，逐年保持强劲的增长态势。

接下来考察涪陵榨菜净利润的质量。我们在第一章说过，**一个好的企业，应该能产生充沛的经营现金流，最好接近或超过净利润，**这说明利润大部分或全部是以现金方式实现的，成色足，质量高。以此为标准，我们看看涪陵榨菜净利润的成色如何，见表 2-10。

表 2-10　2015—2019 年涪陵榨菜的净利润情况

	2015 年	2016 年	2017 年	2018 年	2019 年
经营活动产生的现金流量净额（亿元）	2.45	4.03	5.23	5.59	5.17
扣非净利润（亿元）	1.49	2.32	3.93	6.38	5.63
经营活动产生的现金流量净额与扣非净利润比	1.64	1.74	1.33	0.88	0.92

资料来源：公司年报。

可见 2015—2019 年的前三年中，涪陵榨菜的经营活动现金流净额一直大于其净利润，只是后两年低于净利润，但相差也不大。五年经营活动产生的现金流量净额总和为 22.47 亿元，大于五年净利润总和的 19.75 亿元，总体而言，利润的质量还是比较高的。

（四）重复消费性

榨菜是否具有重复消费性呢？作为很多人日常佐餐的小菜，无疑是具有一定的重复消费性的。榨菜的咸味是人的主要口味之一，伴随人的一生，并且价格低廉，无论人们生活水平高低，都有可能经常购买榨菜佐餐。

（五）定价权

很多人可能并不知道，小小的榨菜竟然也有着很强的定价权。据统计，自 2008 年到 2018 年，涪陵榨菜先后提价 12 次，售价累计上涨了 400%（见表 2-11），这一涨幅超过同期的茅台酒，这可能出乎很多人的意料。

表 2-11　2008—2018 年涪陵榨菜的提价情况

年份	提价措施	提价幅度
2008	将 0.5 元/70 克调整为 1 元/100 克	间接提价 40%
2009	价格上调 10%	直接提价 10%
2010	价格上调 8%	直接提价 8%
2012	1 元/100 克调整为 1 元/80 克	间接提价 25%
2013	将 1 元/80 克调整为 1 元/70 克	间接提价 14%
2014	将 1 元/70 克调整为 1 元/60 克	间接提价 17%
2015	对广东市场鲜爽菜丝从 1 元/60 克调整为 1.5 元/88 克	间接提价 2%
2016	对全国市场鲜爽菜丝从 1 元/60 克调整至 1.5 元/88 克	间接提价 2%
	对商超产品和脆口产品共 11 个单品的到岸价上调 8%~12%	直接提价 8%~12%
2017	对主产品 88 克包装的榨菜到岸价上调 15%~17%，零售价上涨到 2 元/包	直接提价 15%~17%
	对主产品 88 克包装的榨菜和 175 克包装的脆口系列调整为 80 克和 150 克	间接提价 10%和 17%
2018	对 7 款单品到岸价上调约 10%	直接提价 10%

资料来源：相关资料整理而得。

涪陵榨菜之所以能够不断提价，主要有两个原因：一是乌江牌涪陵榨菜占据着人们的心智；二是榨菜的价格比较低廉，消费者对一次涨价几毛钱不太敏感。由于价格低廉，消费者对各个品牌之间的几毛钱价格差异也不敏感，因此，占据消费者心智的品牌就会在消费者的选择中占上风。消费者面对货架上琳琅满目的产品时往往无从下手，这时候直接选择他们最熟悉的品牌是风险最低的，是时间精力成本最低的，因而其不会在乎产品间几毛钱的价差。

提价不仅能给涪陵榨菜带来更多的利润，而且还帮助涪陵榨菜扩大了营销渠道，进一步提高了产品销量。产品提价后，涪陵榨菜开始向渠道商让利。2015—2018 年，公司指导零售价涨幅为 100%，但出厂价涨幅仅为 73.6%，2015 年，涪陵榨菜渠道毛利率为 40%，2018 年提升至 60%，远超竞争对手的渠道利润，这极大地调动了经销商拿货和推广的积极性，极大地推进了涪陵榨菜的渠道网络铺设，进而提高了产品的销量。

一系列提价让涪陵榨菜的利润实现了跨越式增长。2009—2019 年，涪陵榨菜的销量从 7.12 万吨增长到 13.85 万吨，复合年化增长率约 6.2%，公司净利润从 0.41 亿元增长到 6.05 亿元，复合年化增长率近 28%，市场份额从不到 14%提升到 30%以上。

三、成功因素

涪陵榨菜为何如此成功，值得我们探讨。笔者认为，其成功的核心原因有两点：

（一）榨菜工艺的工业化改造

传统榨菜自问世起百余年来，一直都采用传统工艺在手工作坊加工，不仅质量、卫生很难保证，而且效率、产量也较低下。直到 2001 年，涪陵榨菜的董事长周斌全力排众议，从德国引入了一条全自动生产线，从清洗、切割、筛选到杀菌实现了全部自动化，建成国内酱腌菜行业第一条榨菜自动化生产线，从数百家榨菜小作坊中脱颖而出。榨菜工艺的工业化改造使得涪陵榨菜从质量到产量都有了质的飞跃，销量也随之大涨。榨菜行业要做大，产品必须走标准化路线，产能必须规模量产。前者保障的是稳定的口味和卫生，后者保障的是工业化规模和效率。

（二）品牌营销战略得当

2006 年 6 月，涪陵榨菜请来张铁林为旗下“乌江”牌榨菜做代言人，借助热播剧《还珠格格》的余温，在央视投放广告，乌江榨菜的品牌知名度得以迅速提升，抢占了消费者的心智。

2010 年，涪陵榨菜集团挂牌 A 股，成为国内酱腌菜行业首家上市企业，进一步扩大了品牌知名度，获得了优势。

通过不断提价并让利渠道商，激发了渠道商的拿货和促销动力，从而拓展和加强了营销渠道，使销售进一步扩大。

其实以上两点原因都离不开涪陵榨菜董事长周斌全卓越的经营战略和管理水平，正是在他的带领下，涪陵榨菜从一款小小的地方传统农产品，最终成长为全国闻名的现代农业品牌，并带动当地 50 万农户发家致富。

四、估值

前文“自由现金流”一节说过，涪陵榨菜的实际自由现金流从 2015 年的 2.01 亿元增长到 2019 年的 4.46 亿元，复合年增长率约为 22%——这一增长率不亚于同期的贵州茅台！随着人们收入的提高和通货膨胀，起码在接下来的五年内，涪陵榨菜的实际自由现金流仍能保持约 10%的年化复合增速。对于这样一个未来增长预期确定性较高、具有某种“永续”经营性质的企业，笔者觉得给出 25~40 倍实际自由现金流的估值均属合理。那么假设 2020 年实际自由现金流为 4.46×1.1=4.9 亿元，涪陵榨菜在 2020 年的合理市值应为 122 亿~196 亿元。

再次强调，投资既是科学也是艺术，上述估值方法和结论具有很大的主观性，这里仅为读者提供一个参考。

五、结语与讨论

涪陵榨菜的品牌虽然听上去并不如贵州茅台这样高端，抑或如星巴克这样洋气，然而在品牌所能实现的功能上却丝毫没有打折。如前所述，营销学者凯文·莱恩·凯勒教授在其《战略品牌管理》一书中指出，对于消费者来说，品牌指明了产品的来源或生产商，使消费者能明确辨识具体生产商或经销商。基于对产品的既有体验以及多年的购买经验，消费者知道哪些品牌能满足他们的需求，哪些品牌不能。因此，**品牌为消费者提供了简化购买决策的捷径**。如果消费者知道某个品牌，并且对它有一定了解，那么他们在选择产品时就不必再多做思考或分析有关信息。因此，从经济学的角度来看，品牌在两方面降低了消费者搜寻产品的成本——内在方面：消费者不必过多思考；外在方面：消费者无须到处搜寻。在现代社会，随着消费者的生活变得越来越复杂、紧张、仓促，面对越来越多的海量信息时，品牌简化决策以及减少风险的作用就越来越大了。品牌与消费者之间的关系可以视为一种合同或协定。消费者对品牌的信任和忠诚暗示着他们相信这种品牌会有一定的表现，且该品牌会通过产品的一贯性能、合理定价、促销分销计划和行动为他们提供效用。当意识到购买这种品牌的好处及利益时，并且在使用产品时有满足感，消费者就很可能会继续购买，即**品牌有助于促使消费者重复消费**。对照这些描述，我们看涪陵榨菜的品牌不正是为消费者提供了简化购买决策的捷径，并有助于促使消费者重复消费吗，加之榨菜价格比较低廉，消费者对其价格并不敏感，因此“低价+品牌”铸就了涪陵榨菜堪比贵州茅台的定价权。

另一方面，我们也应要看到，榨菜作为人们佐餐的咸菜，消费量是相对有限的，这使得榨菜产业的天花板不太高。为了打破这个天花板，涪陵榨菜就需要开拓新的相关产品品类。实际上，企业近几年也一直在萝卜、泡菜、下饭菜等方面，通过自研或并购的方式积极尝试拓展品类，不过从企业 2020 年中报上可知，榨菜仍然占企业绝大多数的营收，为 86.52%，同比还增长了 12.12%。由此，在拓展新品方面，涪陵榨菜还任重道远，这是对管理层能力的重大考验，也是我们投资者需要长期关注的重点之一。

第三节　星巴克——不是咖啡，是星巴克

提起星巴克，很多人都知道这是个连锁咖啡店的名称，但可能并不太清楚它是美股的超级大牛股之一。自 1992 年 6 月上市以来，28 年内上涨了 340 多倍（大体估算，未考虑分红），即使受到新冠肺炎疫情的重大打击，市值仍维持在逾千亿美元，年化回报约 24%，可谓不折不扣的大牛股。星巴克的历史股价走势见图 2-4。

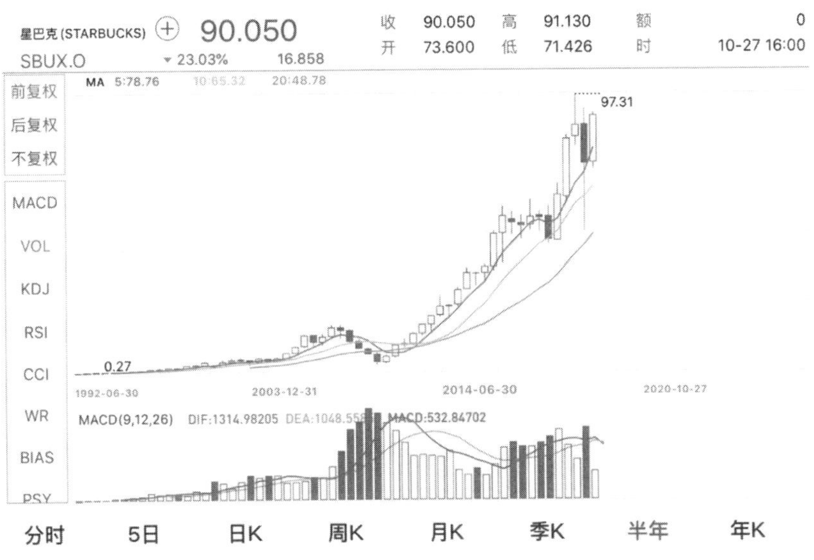

图 2-4　星巴克的历史股价走势图

资料来源：万得股票。

一、发展历程

为什么咖啡店这样看似没有什么门槛的生意能做得这么大？让我们来看看它的发展历程。

话说1955年，有个叫阿尔弗雷德·皮特（Alfred H. Peet）的荷兰小伙子来到美国，他惊讶地发现，美国这个世界上最富裕的国家的人们竟然喝着最差的咖啡——“二战”中配给供应的咖啡。作为在“战前”就跟父亲一起从事咖啡、茶叶生意的业内资深从业人员，对这种现象简直无法容忍，于是1966年，他在加州伯克利开了家皮特咖啡店（Peet's Coffee），向美国人展示什么才是真正的、好喝的咖啡。皮特咖啡通过对精选的优质咖啡豆进行重焙加工，把咖啡豆的醇香味道充分释放出来，让美国人发现，原来咖啡的气味可以这么醇香扑鼻，口感可以这么醇厚悠长。可以说，皮特咖啡的诞生标志着美国咖啡重焙时代的开启和美国人对咖啡的重新认识。这么革命性的咖啡自然很快就吸引了一批“重度粉丝”，其中就包括三个不同职业的年轻人——历史老师Zev Siegl、英语老师Jerry Baldwin和作家Gordon Bowker。受到皮特重焙咖啡的启发，他们合伙于1971年在西雅图开了第一家星巴克咖啡店，他们要把心目中最美味的咖啡带给西雅图的消费者。开张的头一年他们的咖啡豆在皮特咖啡店购买。因此，毫不夸张地说，没有皮特咖啡就没有星巴克。

星巴克的名字是Gordon Bowker取自他喜欢的书，美国作家Herman Melville所著的《白鲸记》中一位爱喝咖啡的大副的名字，这个名字容易让人联想起海上冒险故事以及早年咖啡商人遨游四海寻找好的咖啡豆的传统。

接下来，星巴克历史上最重要的人物——霍华德·舒尔茨（Howard Schultz）出场了。舒尔茨1953年出生于纽约布鲁克林的一个贫民家庭，他在年幼时尝尽了贫穷的滋味。舒尔茨七岁那年，他的父亲在工作时摔坏了脚踝。作为卡车司机，父亲没有任何医疗保险，也没有工伤赔偿，失去了收入来源，全家开始靠借债度日。高中时期，舒尔茨因为擅长橄榄球获得了北密歇根大学的奖学金，得以进入该大学主修演讲传播。为了支付学费，舒尔茨大学期间在学业之外还做各种兼职，包括做酒保，甚至偶尔去卖血。1975 年大学毕业后，舒尔茨在施乐公司的纽约销售培训项目组工作，在那里他获得了电话销售和推销文字处理软件的工作经验，成为一个成功的销售员。三年后，他又加入瑞典家居用品公司 Hammarplast。由于工作出色，舒尔茨很快晋升为美国分公司总经理。在 Hammarplast 他第一次与星巴克相遇。1981 年，舒尔茨注意到西雅图有家星巴克咖啡店从他们公司订购了很多滴泡式咖啡壶，而且订购数量竟然比梅西百货公司还多，这引起了他极大的好奇，于是他从纽约赶往西雅图，一探究竟。到了西雅图，在品尝了第一杯星巴克咖啡和领略到星巴克所展示的对咖啡的广博知识和深度理解后，舒尔茨深深陶醉其中，不能自拔，他相信这么好喝的咖啡，市场潜力一定十分广阔。舒尔茨回去以后，决心投入到星巴克的咖啡事业中，他立刻向星巴克的三位创始人申请去那里工作，在一开始被意外拒绝后，舒尔茨没有放弃，终于在 1982 年加入了星巴克，担任市场总监。这个跳槽决定是很有魄力的，辞去当下待遇优厚的高管工作，从纽约搬到近 4000 公里之外的西雅图，到一家只有 6 个店铺的小公司工作的时候，除了全力支持他的妻子外，几乎没人能够理解。之后，一次去意大利出差的机会，舒尔茨被意大利咖啡文化吸引，发现在意大利，咖啡店提供的不仅仅是一种饮料，还是人们聚会社交的场所，他建议星巴克也提供现做的意大利浓咖啡。尽管现做咖啡在一个星巴克门店的实践中已经取得了初步成功，但几位创始人仍拒绝扩展到其他门店。舒尔茨的挫折感开始发酵，最终在 1985 年，他离开了星巴克，创办了自己的咖啡连锁店天天咖啡。

1988 年，星巴克几位创始人决定出售星巴克的零售部门，舒尔茨抓住了这个机会，以380万美元的价格收购了星巴克。同时，舒尔茨将所有的天天咖啡门店改名为星巴克咖啡，并开始在所有星巴克咖啡店提供现做的浓缩咖啡。自此，星巴克开启了一个新的时代，犹如凤凰涅槃，获得重生。

在接下来的30年里，舒尔茨成功地把“星巴克”从一家重焙咖啡豆专卖店的店名打造成享誉全球的国际品牌，目前在全世界78个国家和地区拥有近3万家店面、38万名雇员（星巴克称之为合伙人），每周服务1亿客户，年营业额逾240亿美元。

二、企业特征

下面我们以第一章定义的好企业的标准来检验一下星巴克。

（一）毛利率

表2-12为2015—2019年星巴克的毛利率情况。

表2-12　2015—2019年星巴克的毛利率情况

	2015年	2016年	2017年	2018年	2019年
毛利率（%）	59.54	60.24	68.00	69.92	61.86

资料来源：http：//www.macrotrends.net.

由表2-12可知，2015—2019年，星巴克的毛利率一直维持在60%左右，符合好企业的毛利率需大于30%的要求。

（二）净资产收益率（ROE）

表2-13为2015—2019年星巴克的净资产收益率情况。

表2-13　2015—2019年星巴克的净资产收益率情况

	2015年	2016年	2017年	2018年	2019年
净资产收益率（%）	41.62	51.20	77.33	172.79	-66.68

资料来源：http：//www.macrotrends.net.

由表 2-13 可知，星巴克的净资产收益率常年远高于 15%——这个我们对好企业所要求的净资产收益率门槛。通过进一步分析，星巴克超高的净资产收益率主要是由高财务杠杆贡献的。从其最近几年的债务股本比可以看到，星巴克逐年通过增加债务提高财务杠杆，从而提高净资产收益率。2018 年的净资产收益率飙升至 172.79%，这主要是由于星巴克出售咖啡零售业务给雀巢而获得了 70 亿美元，通过增发新的优先票据（Senior Notes）的长期债务收到了 56 亿美元以及回购股票、分红等多种因素使得股东权益下降很多，越来越依赖借贷资本运营。2019 年借贷更是超过了资产，使得股东权益为负，因此出现了净资产收益率为负的情况。

通常，增加负债虽然可以提高净资产收益率，但是会给企业带来更多的财务风险。像星巴克这样现金流充足的企业，其负债的能力是超过一般企业的：一方面，其良好的企业信誉和充足的经营现金流使其可以获得较高的企业评级，因而能以较低的利率借到长期资金；另一方面，其充足的经营现金流能够覆盖较高债务带来的利息支出。当然，负债再高也是有限度的。我们看看星巴克对此是怎么看的。在其 2018 年的财报中，星巴克提到其目前手上的现金、投资回报以及持续从运营中获得的现金流足以支付其债务利息支出，而且以后也会持续保持健康的债务额度。那么实际情况如何呢？在后续的现金流分析中，我们将会看到最近几年星巴克的长期负债额度均小于同期从运营中所获得的现金额度，更不用说这些债务的利息了，这印证了财报中的说法，星巴克的债务水平、财务杠杆还在一定的可控范围内。2020 年出现了影响全球的新冠肺炎疫情，星巴克的门店生意遭到重创，大面积关门停摆，现金流遇到严重挑战，股价也暴跌。所幸美联储为防止经济危机而积极救市，使得股市在短期暴跌后，随即得以大幅反弹，而没有继续演化成一场大的经济危机。

不过，这次疫情对很多高财务杠杆的公司比如麦当劳、星巴克的冲击，让人们对这些公司一边不断回购、分红给股东，一边又不断举债经营的行为有很多诟病，认为是大股东、管理层的贪婪而置公司经营于风险之下，相信这种批评和议论还会继续下去。

（三）自由现金流

表 2-14 为 2015—2019 年星巴克的现金流情况。

表 2-14　2015—2019 年星巴克的现金流情况

	2015 年	2016 年	2017 年	2018 年	2019 年
经营现金流（亿美元）	37	46	43	119	50
资本支出（亿美元）	13	14	15	20	18
自由现金流（亿美元）	24	32	28	99	32

资料来源：公司年报。

从表 2-14 可知，星巴克最近几年每年从经营活动中获得的现金流高达 40 亿美元左右，2018 年有较大幅度提高，是由于收到了雀巢支付的购买星巴克全球零售业务所获得的现金。

2015—2019 年的资本支出在 10 亿 ~ 20 亿美元，自由现金流达到每年约 30 亿美元，实在是成色十足的“现金奶牛”。

（四）重复消费性

咖啡作为一种成瘾性日常饮料，天然具有高重复消费性。

（五）定价权

星巴克咖啡无论是在美国这样的发达国家，还是在中国这样的发展中国家，售价通常会比当地普通的咖啡贵一些，体现了一定的定价权。在 2008 年经济危机中，星巴克的咖啡销量大减，显示了其定价权受宏观经济状况的影响严重，这是我们需要注意的。

三、成功因素

星巴克用了几十年时间，从当初的几家只卖重焙咖啡豆的地方小店，发展成享誉全球的著名品牌，在世界各地拥有近 3 万家店铺、38 万名雇员，年营业额逾 240 亿美元，其成功的奥秘在哪里呢？笔者看来，星巴克取得如此巨大成功的核心原因有如下三点：

（一）打造了极致的用户体验，成功地满足了人们对生活和工作之外的“第三空间”的需求

第三空间是美国人类社会学教授欧登伯格（Ray Oldenburg）提出的概念，他称家庭居住空间为第一空间，职场为第二空间，而城市的酒吧、咖啡店、博物馆、图书馆、公园等公共空间为第三空间。他将“在宽松、便利的环境中可以自由地释放自我”定义为第三空间的主要特征。20 世纪 90 年代星巴克率先将第三空间概念引入咖啡店中，社交、文化、精神和环境的体验是星巴克力图打造的第三空间的核心所在，以这种非家、非办公的中间状态抢占了消费者的第三空间，给消费者打造出家和工作以外最佳的休闲去处或是和邻里朋友、商务合作伙伴非正式聚会交流的地方。

首先，在选料上，星巴克宣称全世界只有 3%的最高品质的阿拉比卡咖啡豆才有资格进入星巴克。同时，星巴克确保以给咖啡农足够利益的价格进行采购，即所谓道德采购。其次，在加工上，星巴克宣称烘焙咖啡豆的时间比大多数同行的烘焙时间都要久，即所谓的“深度烘焙”，精心掌握烘焙的火候，通过这种方式将咖啡的醇香和色泽都提炼出来。此外，独特的高品质装修、咖啡师对咖啡知识的谙熟、与顾客的互动……所有这些都致力给客户提供一种极致的用户体验。当一个顾客置身星巴克时，深焙咖啡发出的香味、精心选择的音乐、具有格调的装修等共同营造出一个令人感官舒适、精神愉悦的体验环境，再联想到星巴克的咖啡源自高品质的、符合道德采购来的咖啡豆，使顾客独自读书或和朋友、商业伙伴攀谈时，产生一种较高的自我认定——自己是更好的人，有着更好的生活。正如作家安娜·拉佩说过的：“你每次付账，都是在为自己选择的生活投票。”舒尔茨曾表示：“我们并不是在从事咖啡业，而是在为顾客提供服务。我们是在经营顾客的生活，咖啡只是提供服务而已。”通过打造极致的用户体验——特别是精神层面的体验，树立一种生活方式，使得星巴克与那些街头巷尾的咖啡馆或快餐店中的咖啡相区别，可谓卓尔不群。

（二）对人的关爱和投入

星巴克的使命宣言是：激发和孕育人文精神，从每个人、每杯咖啡、每个街区开始。星巴克对咖啡农的生活状态十分关注，指导他们种植，付高价收购，提升他们的生活水平；星巴克称员工为伙伴，为全体员工甚至兼职员工提供免费医疗，资助员工读大学，给员工配股，使其成为行业内员工流动性最低的企业之一，多次在世界各地包括中国获得“最佳雇主”称号；星巴克关注所在地的社区文化、环境建设，贡献义工且捐献物资；星巴克重视对（人所生活的）自然环境的保护。对人的关爱和投入保障了星巴克生意的可持续性和独特性。

（三）与时俱进，勇于创新

星巴克的发展历史就是一部不断创新的历史，从产品、店面到营销方式、支付手段、交付方式等各个方面都在与时俱进，勇于创新。从原来对现磨咖啡的固守，到开发出速溶咖啡和星冰乐，从专注打造“第三空间”到启动外送服务以打造第四空间，从只做自营到开放加盟合作，从只有传统支付到引领移动支付，全方位拥抱数字化，以提升用户个性化体验和订购产品的便捷度、舒适度，当了解到这些创新背后的困难、阻力和挑战，你才能真正了解能做到这一切是多么不容易。

通过以上几点，星巴克成功地塑造了卓越的企业品牌，反过来，这种品牌形成了对客户的吸引，使其产品和服务能够获得一定的溢价；受到商场和房东的欢迎，能够以较低的租金获得竞争对手们很难拿到的极好的地理位置；吸引了优秀的人才，所有这些都体现了品牌这种无形资产给一个企业带来的护城河效应。

通常餐饮业并不是一个容易赚钱的行业，其几乎固定的边际成本加上物理店面服务的硬性要求，以及竞争的门槛较低，使其生存发展的难度很大。星巴克这样的品牌连锁餐饮企业，凭借其强大的品牌运作能力、店铺运营能力、异地复制能力在全球很多地方取得了成功，类似的成功也可在麦当劳、肯德基、达美乐等品牌餐饮连锁企业看到。这种生意单个店铺的盈利能力总是有上限的，扩张主要是通过不断地新开店面、拓展新的市场来实现。目前中国已经成为星巴克除了美国本土之外的最重要的市场，由于咖啡在中国人的饮料中渗透率还不高，相信随着生活水平、消费能力的提高，咖啡的消费量还会有进一步提升，星巴克在中国市场上仍然具有很大的潜力。特别值得关注的是，星巴克通过跟阿里巴巴合作，在中国开始提供线上外送服务，打造进驻盒马鲜生的外送厨房“外送星厨”，力图开拓“第三空间”之外的“第四空间”，让客户获得“随时随地星巴克”的新体验，如果做得成功，就能打破传统的店铺营收天花板，其市场容量将会被极大地拓展，这对星巴克未来的进一步发展意义重大。不过，这种线上外送服务给客户带来的体验，和星巴克传统线下店铺所能提供的用户体验是不同的，是否能够获得同样的成功还有待时间来验证，这点需要投资者长期关注、观察。

谈到星巴克的风险，主要还是来自各种同行的竞争和高水平经营能力的维持。正如前文所述，星巴克并不在一个容易赚钱的行业，其生意对品牌维护、运营管理能力等有着很高的要求，相对于贵州茅台的生意，星巴克的生意会更加辛苦，可能需要投资者花费更多精力关注其发展。此外，从历史上看，经济周期对星巴克生意的影响还是挺大的，也需要投资者意识到这一点。

四、估值

依据前文“自由现金流”一节所述，我们知道近年来，星巴克每年能赚取约30亿美元的自由现金流。对于这样稳定的好生意，资本市场给20~40倍的估值都算合理，其对应的市值即为600亿~1 200亿美元。当前星巴克市值约1 050亿美元，处于合理估值区间偏上，并不存在明显低估。

五、结语与讨论

本章以贵州茅台、涪陵榨菜和星巴克为案例，用我们对好企业的定义标准对其进行了一步步的检视和分析，给读者展示了如何应用我们介绍的方法来检验一个企业的成色。本章特别展示了作为无形资产的品牌给一个好企业带来的护城河效应——产品服务广受欢迎、有溢价、客户黏性大、运营成本低等。贵州茅台和星巴克尽管具体生意不同，但是它们生意成功的共同秘诀之一就是给一种具体的物质产品赋予了精神文化层面的意义和社交属性，给客户带来了超越普通物质享受之外的精神享受和满足感，这构成了它们很难被竞争对手逾越的护城河。与贵州茅台和星巴克不同的是，涪陵榨菜的品牌更多的是简化了消费者购买决策的过程，降低了消费者搜寻产品的成本。可见，不同产品的品牌会给产品赋予不同的意义。

此外，需要注意的是，不是所有品牌都能带来护城河效应，只有具有某种程度定价权的品牌才是我们关注的对象。还需要指出的是，品牌这种护城河并不是一劳永逸的，需要长期的维护和加强。

第三章

高客户转换成本

如果企业能让自己的客户不选择竞争对手的产品或服务，那么它就拥有自己的转换成本。如果客户无法实现转换，企业就有可能从同一客户身上获得持续性收入，降低市场营销费用。转换成本是以多种方式呈现的，比如与客户业务的结合、财务成本和重新培训的时间成本等。转换成本往往不仅体现为金钱、时间成本，还意味着转换风险。高客户转换成本给企业带来了独特的竞争优势，构成了企业经营的护城河。

需要注意的是，尽管具有高客户转换成本的产品或服务可能使企业获得某种程度的定价权，但是经济学需求第二定律告诉我们，需求对价格的弹性与价格变化之后流逝的时间长度成正比，即随着时间的流逝，需求对价格的弹性会增加。也就是说，高客户转换成本意味着客户对价格具有低弹性，但价格定得越高，客户就越有动力去寻找替代品，时间越长，客户就越有可能找到替代品，从而降低了转换成本，使企业逐渐丧失了高客户转换成本所构建的护城河。

下面我们结合具体案例，来分析三个具有较高的客户转换成本的好企业。

第一节　福耀玻璃——舍我其谁的汽车玻璃大王

由于国内企业的创新能力普遍不足，同质化竞争现象比较严重，能把自己的产品或服务做到具有较高的客户转换成本的企业比较罕见，遍寻A股上市公司，仅有极少数的企业具有较高的客户转换成本，其中一家就是本节要介绍的企业——福耀玻璃。

图3-1是福耀玻璃的A股市场表现。福耀玻璃于1993年6月10日上市，到2020年9月17日这一阶段高点，其回报率达到约90倍（大体估算，未考虑分红），在27年的时间跨度中达到了约18%的复合年化增长率，这个长期回报率是十分优秀的。

图3-1 福耀玻璃的历史股价走势图

资料来源：万得股票。

让我们先来看看福耀玻璃是一家怎样的企业吧。

一、发展历程

福耀玻璃工业集团股份有限公司（以下简称福耀玻璃）1987年成立于中国福州，是专注于汽车安全玻璃和工业技术玻璃的大型跨国集团，于1993年在上海证券交易所主板上市，2015年在香港交易所上市。福耀玻璃的主要产品为汽车玻璃，汽车玻璃产品收入占其总收入的份额超过 95%，另外也生产浮法玻璃（汽车玻璃的主要原材料），主要用于自给。经过 30 余年的发展，福耀玻璃已成为全球规模最大的汽车玻璃专业供应商，产品得到全球顶级汽车制造企业及主要汽车厂商的认证和选用，包括宾利、奔驰、宝马、奥迪、通用、丰田、大众、福特、克莱斯勒、三菱、现代等，为其提供全球原厂设备制造商（OEM）配套服务和汽车玻璃全套解决方案，国内覆盖上汽、一汽、长安、东风、广汽、北汽等主要客户。如今，福耀玻璃已在中国 16 个省市以及美国、俄罗斯、德国、日本、韩国等 9 个国家和地区建立现代化生产基地和商务机构，全球雇员约 2.7 万人，全球市场占有率超过 25%。就生产汽车玻璃而言，福耀玻璃是全球汽车玻璃唯一的垄断寡头，企业利润占全球汽车玻璃利润总额的 80%，盈利能力远超所有竞争对手。就全球玻璃市场而言，福耀玻璃的市场占有率为 21.9%，排名世界第二，国内市场占有率则高达 63%。

福耀玻璃能取得这样的成功，离不开其创始人兼现任董事长曹德旺。1983 年，中央一号文件提出允许个人承包乡镇企业，当时的曹德旺成为第一批“摸着石头过河”的人，于当年承包了家乡的水表玻璃厂，也就是福耀玻璃的前身。此后的几十年里，曹德旺坚持“为中国人做一片属于自己的高质量汽车玻璃”的信念，始终专注于汽车玻璃领域。自 1993 年企业上市以来，营业收入连续 25 年保持正增长，2010—2017 年营业收入的年复合增速达 12.8%，归母净利润的年复合增速为 15.6%。

二、企业特征

下面我们以第一章定义的好企业的标准来检视一下福耀玻璃。

（一）毛利率

表 3-1 为 2015—2019 年福耀玻璃的毛利率情况。

表 3-1　2015—2019 年福耀玻璃的毛利率情况

	2015 年	2016 年	2017 年	2018 年	2019 年	5 年平均
毛利率（%）	42.43	43.07	42.76	42.63	37.46	41.67

资料来源：公司年报。

由表 3-1 可知，2015—2019 年，福耀玻璃的平均毛利率为 41%左右，超过了我们对于一个好企业要求毛利率大于 30%的门槛。这么高的毛利率完全不像是传统制造业，要知道，传统制造业的毛利率一般很难超过 20%。不过值得注意的是，2019 年福耀玻璃的毛利率同比下滑了约 5 个百分点，是近 5 年波动最大的一次，这是由于 2019 年全球汽车销量下滑严重，创下 2008 年以来最大降幅。即使面临这样的行业困境，福耀玻璃仍能保持 37%的毛利率，这正是其在业内占据垄断地位、享有一定定价权在财务数据上的体现。

（二）净资产收益率（ROE）

表 3-2 为 2015—2019 年福耀玻璃的净资产收益率情况。

表 3-2　2015—2019 年福耀玻璃的净资产收益率情况

	2015 年	2016 年	2017 年	2018 年	2019 年	5 年平均
净资产收益率（%）	18.92	18.18	16.51	17.52	13.64	16.95

资料来源：公司年报。

由表 3-2 可知，2015—2019 年福耀玻璃的净资产收益率具有一定的波动性，5 年平均值为 16.95%，超过了我们对好企业规定的 15%的门槛。不过在 2019 年，福耀玻璃的净资产收益率首次跌破 15%，但是其生意具有较强的周期性，我们需要从更长的时间跨度来考量。汽车业虽然处在周期低谷，但是福耀玻璃所在的汽车玻璃行业的竞争格局却没有变差，依旧由原来的几个巨头垄断，供应者仍然是很有限的。福耀玻璃依托成本优势和充分的财务准备，在逆境的承压能力要强于竞争对手，因此，其在逆境中能够保持，甚至进一步增强竞争优势。一旦行业从周期底部起来，福耀玻璃仍将是最具竞争优势的那个，毛利率和净资产收益率还会重新走高。因此，虽然2019年的净资产收益率没有达标，我们仍然选择继续考察福耀玻璃。当然，如果你没有上面这些认识或者不同意这些看法，仅凭2019年福耀玻璃的净资产收益率未达到15%，而选择放弃考察或投资，也完全没有问题。毕竟，我们投资时宁可错过，也不能买错，因为错过并不会让你损失金钱，而买错则会。

（三）自由现金流

虽然已历经30余年的发展，但福耀玻璃仍处于成长扩张期，经营的天花板还远未达到，其资本支出的很大一部分用于扩张经营规模和品种。如果只是简单地把所有资本支出都从经营现金流中减去，所得的现金流会大大降低，可能会导致我们对福耀玻璃所经营的生意误判。因此，我们在计算福耀玻璃的现金流时，对其资本支出做一区分，将其分为保全性资本支出和扩张性资本支出。

在前面贵州茅台和涪陵榨菜的案例中，由于二者都是轻资产企业，每年的资本支出，特别是用于保全性的资本支出很少。福耀玻璃属于重资产制造业，并且其仍然处于成长期，因此其资本支出较大，且有很大比例是扩张性资本支出，因此相对贵州茅台和涪陵榨菜，更有必要将其资本支出细分为保全性资本支出和扩张性资本支出。

我们先简单地把所有资本支出从经营现金流中减去，看看福耀玻璃2015—2019年的名义自由现金流的情况，见表3-3。

表3-3　2015—2019年福耀玻璃的名义自由现金流情况

	2015年	2016年	2017年	2018年	2019年
1 经营性现金流净额（亿元）	30.14	36.37	49.24	58.08	51.27
2 购建固定资产、无形资产和其他资产支付的现金（亿元）	32.56	35.68	35.9	35.9	27.80
名义自由现金流（亿元）=1-2	-2.42	0.69	13.34	22.18	23.47

资料来源：公司年报。

从表 3-3 可知，2015—2019 年，福耀玻璃的名义自由现金流很少，有的年份甚至为负值。那么真实情况是怎样的呢？我们首先用长期资产的折旧摊销来做保全性资本支出的近似替代，计算福耀玻璃实际的自由现金流情况，即自由现金流=经营现金流净额-保全性资本支出（固定资产折旧+无形资产和长期待摊费用摊销+处置长期资产的损失）（见表 3-4）。

表 3-4　2015—2019 年福耀玻璃的实际自由现金流情况

	2015 年	2016 年	2017 年	2018 年	2019 年
1 经营性现金流净额（亿元）	30.14	36.37	49.24	58.08	51.27
2 资产减值准备（亿元）	0.12	0.11	0.05	0.50	0.20
3 固定资产折旧、油气资产折耗、生产性生物资产折旧（亿元）	8.76	10.64	11.70	13.97	16.58
4 无形资产摊销（亿元）	0.36	0.43	0.44	0.50	0.76
5 长期待摊费用摊销（亿元）	1.20	1.48	1.83	2.40	2.88
6 处置固定资产、无形资产和其他长期资产的损失（亿元）	0.66	0.17	0.26	0.63	0.93
7 固定资产报废损失（亿元）	0.00	0.00	0.00	0.00	0.00
8 非付现成本费用（亿元）=2+3+4+5+6+7	11.10	12.83	14.28	18.00	21.39
实际自由现金流（亿元）=1-8	19.04	23.54	34.96	40.08	29.88

资料来源：公司年报。

从表 3-4 可知，福耀玻璃在 2015—2019 年的实际自由现金流要比名义上的自由现金流好得多。

除了采用长期资产的折旧摊销来做保全性资本支出的近似替代以计算实际现金流外，我们再试着用另一种方法计算福耀玻璃的实际自由现金流，以期为估算其实际自由现金流提供更多的思路（见表 3-5）。

表 3-5　2015—2019 年福耀玻璃的实际自由现金流情况

	2015 年	2016 年	2017 年	2018 年	2019 年
1 经营性现金流净额（亿元）	30.14	36.37	49.24	58.08	51.27
2 资本支出（亿元）	32.56	35.68	35.90	35.92	27.80
3 扩张性资本支出（亿元）	19.51	22.25	11.88	11.55	9.89
4 保全性资本支出（亿元）= 2-3	13.05	13.43	24.02	24.37	17.91
实际自由现金流（亿元）= 1-4	17.09	22.94	25.22	33.71	33.36

资料来源：公司年报。

从福耀玻璃 2015—2019 年的年报中，可以找到如下对资本性支出的描述：

2019 年年报：

公司资本开支主要用于新增项目持续投入以及对其他公司的改造升级。本报告期，购建固定资产、无形资产和其他长期资产支付的现金约为 27.80 亿元，其中，德国 FYSAM 汽车饰件项目资本性支出约为 6.34 亿元，苏州汽车玻璃项目资本性支出约为 3.55 亿元。

2018 年年报：

公司资本开支主要用于新增项目持续投入以及对其他公司的改造升级。本报告期，购建固定资产、无形资产和其他长期资产支付的现金约为 35.92 亿元，其中，本溪浮法玻璃项目资本性支出约为 5.87 亿元，苏州汽车玻璃项目资本性支出约为 5.68 亿元。

2017 年年报：

公司资本开支主要用于新增项目持续投入以及对其他公司的技改支出。本报告期，购建固定资产、无形资产和其他长期资产支付的现金约为 35.90 亿元，其中福耀天津汽车玻璃项目资本性支出约为 3.63 亿元，美国汽车玻璃项目资本性支出约为 3.37 亿元，本溪浮法玻璃项目资本性支出约为 3.23 亿元，本公司项目资本性支出约为 3.02 亿元，苏州汽车玻璃项目资本性支出约为 1.86 亿元。

2016 年年报：

公司资本开支主要用于新增项目持续投入以及对其他公司的技改支出。本报告期，购建固定资产、无形资产和其他长期资产支付的现金约为 35.68 亿元，其中福耀美国汽车玻璃和浮法玻璃项目资本性支出约为 18.69 亿元，福耀天津汽车玻璃项目资本性支出约为 3.56 亿元。

2015 年年报：

公司资本开支主要用于新增项目持续投入以及对其他公司的技改支出。本报告期，购建固定资产、无形资产和其他长期资产支付的现金约为 32.56 亿元，其中福耀美国汽车玻璃项目资本性支出约为 13.25 亿元，福耀美国浮法玻璃项目资本性支出约为 6.26 亿元。

在资本支出中，我们把新建产能作为扩张性资本支出，那么剩下的就是保全性资本支出。

根据这个方法计算出来的实际现金流与第一种方法计算出来的数值有些差异，有的年份差异很小，有的年份差异较大，但都远好于名义现金流，这更符合实际情况。不过这里需要注意的是，**并不是所有的扩张性资本支出都是增加股东价值的，只有当扩张性资本支出的内含报酬率高于资本成本率，扩张性资本支出对于股东价值才有正效应**。否则，就是损毁股东价值。

接下来进一步采用净利润现金含量这个指标来考察福耀玻璃的利润成色（见表 3-6）。

净利润现金含量 = 经营活动产生的现金流量净额/净利润，对于成熟稳定的企业来说，该指标应该大于 1，这也是我们对一个好企业的要求之一。

表 3-6　2015—2019 年福耀玻璃的净利润现金含量情况

	2015 年	2016 年	2017 年	2018 年	2019 年
经营性现金流量净额（亿元）	30.14	36.37	49.24	58.08	51.27
扣非净利润（亿元）	26.11	30.69	30.30	34.68	28.03
经营活动产生的现金流量净额与扣非净利润比	1.15	1.19	1.63	1.67	1.83

资料来源：公司年报。

由表 3-6 可知，2015—2019 年，福耀玻璃的扣非净利润都能以现金形式实现，可谓成色十足，福耀玻璃赚到的利润是“真金白银”。

（四）重复消费性

玻璃作为一种易碎品，售后使用中发生一定比例的损坏是不可避免的（根据中国产业信息网统计，国内的汽车玻璃破损率约为 4%，全球的汽车玻璃破损率约为 5%），因此经常需要重新购买。我们从表 3-7中可知，福耀玻璃在 2019 年为整车配套市场提供了 8 971 万平方米的汽车玻璃，而为售后服务市场提供了 1 938 万平方米的汽车玻璃，约为同期整车配套市场销量的 21.6%，而且不同于整车配套市场销量的同比下滑，而是同比增长。

表 3-7　福耀玻璃 2019 年年报节选

单位：百万平方米

零部件类别	整车配套市场销量			售后服务市场销量		
	本年累计	上年累计	累计同比增减（%）	本年累计	上年累计	累计同比增减（%）
汽车玻璃	89.71	99.41	-9.76	19.38	18.25	6.19

资料来源：公司年报。

（五）定价权

福耀玻璃聚焦汽车玻璃业务，年营收贡献超 90%，国内市占率高达 63%，全球市占率约 22%，近 5 年平均毛利率超 40%，营业利润率超 19%，显著高于主要竞争对手旭硝子、板硝子、圣戈班的 3%～10%的营业利润率。一方面，公司不存在供应商集中度风险。2019 年，公司的前五大供应商占公司购货额的 13.3%。另一方面，公司的客户极为分散，没有客户集中度风险。2019 年，前五大客户占公司总收入的比重仅为 16.94%。此外，从过去几年公司汽车玻璃的平均售价来看，约有年化 3%的增长幅度。由以上分析可以看出，福耀玻璃在产业链中的地位相对比较舒适，没有强势的上下游客户，产品拥有一定的定价权，由于成本低，产品售价不必高于竞争对手，可以长期维持较高的毛利率。

（六）经济护城河

汽车玻璃行业是典型的重资产行业，具有较高的资金壁垒。在中国，新建 200 万套产能的汽车玻璃生产线需超 5 亿元的大规模资金投入，在美国等发达国家所需资金则更高。例如福耀玻璃于 2014 年底在沈阳投产的 150 万套汽车安全玻璃项目，投资 4.3 亿元。同年在美国建成的年产 300 万套的汽车玻璃项目，投资 2 亿美元。

除了较高的资金壁垒，汽车主流厂商客户的进入门槛很高。汽车玻璃作为重要的安全零部件，需要通过多项质量标准认证，包括国家质量认证、第三方认证、汽车主机厂认证等，此外，还需要较长的测试和试用期，获得整车配套订单通常需耗时 3 年左右，进入壁垒相当高。

以上两个因素导致在汽车玻璃这一领域，能够给汽车巨头们供货的供应商屈指可数，客户可选择的余地很小。

另外，玻璃运输难度大、成本高，福耀玻璃在全国 9 个省份的 13 个制造基地全都是为了配套附近的整车厂，比如福耀玻璃配套上汽的工厂就位于客户的工厂旁边，隔壁就是上海大众的配件仓库，对客户的黏性很大。

还有就是玻璃只占整车成本的 1%不到，为了这样极有限的改进空间，而去冒安全性、供应可靠性的风险，是很得不偿失的。

上述因素共同造就了福耀玻璃**较高的客户转换成本**。

三、成功因素

福耀玻璃用了30余年时间从一家地方性生产水表表盘玻璃起家的小作坊成长为如今的全球汽车玻璃霸主，其核心的成功因素有如下三点：

（一）卓越的管理

提到福耀玻璃，绕不过去的是其创始人兼董事长曹德旺。在识人用人、经营方向选择、提高生产效率、企业治理股份制改革、收购兼并、反倾销诉讼、新业务新市场拓展等方面，曹德旺都展现出非凡的眼光和能力。2009年曹德旺从全球企业家中脱颖而出，一举拿下安永企业家全球奖这一最高荣誉。这也是安永全球奖评选以来，中国大区的企业家首次获得该奖项。据悉，安永企业家全球奖的评选主要考察企业家五个方面的表现：①是否从无到有，白手起家；②是否始终诚信经营；③是否注重知识创新，注重知识产权；④是否具有全球影响力；⑤是否有发展前景。曹德旺获得此项荣誉可谓实至名归。值得一提的是，我们前文所述的星巴克董事长霍华德·舒尔茨也曾获得这一殊荣。

（二）聚焦主业，持续的高研发投入

20世纪80年代，全球80%的汽车玻璃市场被国外巨头垄断。2000年，法国圣戈班、日本旭硝子、英国皮尔金顿一起占据全球汽车玻璃市场约70%的份额，福耀玻璃的市占率不足1%。多年来，福耀玻璃不断聚焦汽车玻璃市场，2019年实现营业收入211亿元，其中高达91.29%的营收来自汽车玻璃业务，其已经成长为全球规模最大的汽车玻璃生产供应商。反观其竞争对手，比如规模最大的法国圣戈班2017年营业收入为461亿美元，但汽车玻璃业务仅占其总营收的5%左右，其他竞争对手旭硝子、板硝子、信义玻璃的玻璃业务总营收占比分别为26.5%、51.8%和26.6%，都远不如福耀玻璃聚焦汽车玻璃市场。2019年，福耀

玻璃研发投入占比达到3.85%，比竞争对手高2~3个百分点，聚焦主营、持续的高研发投入使其在汽车玻璃领域的技术先进性、生产效率相较于竞争对手有较大的优势。

（三）深度上游渗透，降低成本

玻璃原片约占汽车玻璃生产成本的1/3，福耀玻璃通过浮法玻璃及其原辅材料的自给来控制玻璃原片成本。当前福耀玻璃主要原材料浮法玻璃自给率高达80%~90%，高设备自制率节约成本50%，大幅降低了产品成本，再辅以卓越的管理和先进的生产效率，成本得以进一步降低，使福耀玻璃的产品能拥有业内最高的毛利率，其一家企业就攫取了全球汽车玻璃市场高达80%的利润。

四、估值

对一家企业估值，不应该脱离对它商业模式和竞争态势的考量。尽管最近两三年汽车行业的景气周期处于低谷，需求端下降导致福耀玻璃的营收增长停滞、利润有所下滑，但是在供给端，并没有新的大玩家出现，福耀玻璃在业内仍具有明显的竞争优势，而且这种竞争优势还在扩大中。在可预见的未来，汽车玻璃不会被其他材料替代，其需求仍将呈波浪式上升，因此福耀玻璃的生意具有很大程度的“永续性”，这是我们对福耀玻璃估值的基础。

从前面对自由现金流的分析中可知，近年来福耀玻璃的实际自由现金流每年在30亿~40亿元。福耀玻璃具有业内龙头的垄断地位，未来还有SAM铝亮饰条这样的新业务可能成为利润增长点，这些都是估值的加分项，但是其生意具有较强的周期性，这在估值上需要打点折扣。

综上所述，福耀玻璃的估值在15~30倍实际自由现金流均属合理。2020年汽车行业已经从低谷渐渐爬出，但是受新冠肺炎疫情的影响，复苏比较慢。就以近年实际平均现金流 35 亿元来估算，2020 年福耀玻璃的合理市值应在 525 亿~1 050 亿元。

再次强调，上述估值方法和结论具有很大的主观性，这里仅为读者提供一个参考，供交流用。

五、结语与讨论

汽车玻璃行业原本不是一个很好的赛道——重资产模式，投入巨大；巨头林立，竞争激烈；B2B 的销售模式，客户大多是汽车巨头，很难获得议价权。福耀玻璃通过卓越的管理、聚焦主营业务、优化产品结构、高研发投入、渗透到产业上游降低成本，最终取得了业内霸主的地位，可谓“沙漠之花”。过去的辉煌已成为历史，未来才是投资者最为关心的，下面我们从三个方面探讨福耀玻璃的未来。

（一）汽车玻璃行业未来的发展趋势

汽车行业是周期行业，目前正是行业低谷，但是未来一定也会从谷底上升，因为当人们的生活变好，驾驶的汽车档次相对落伍，自然会有购买新车的需求，因此对汽车玻璃的需求是长期存在的。今后，随着电动天窗、全景天窗配备率的提升，单车玻璃的面积有望增加，人们对汽车玻璃的功能需求也会越来越丰富，比如抬头显示玻璃、调光玻璃、隔音玻璃、可加热玻璃，等等。另外，汽车厂商可能会更加青睐那些能够提供包括汽车玻璃、包边、各种辅件在内的集成化方案的供应商，从而有助于其提高生产效率和产品质量，降低成本。

（二）福耀美国未来的发展趋势

福耀美国已经过了投入期，扭亏后很快利润翻番。其实福耀玻璃在美国建厂的主要原因是 2010 年美国通用汽车公司向福耀玻璃提出要求，2016 年之前必须在美国建一个工厂进行配套生产。可见，福耀玻璃是汽车巨头优化其全球供应链成本的重要盟友，无须担心其销量。

目前美国本土除了福耀美国之外，没有其他汽车玻璃厂商，因此福耀美国的竞争优势，特别是成本优势非常大。对汽车玻璃这个行业来说，长途运输为避免破碎需重重包装，从中国工厂把生产出来的汽车玻璃运到美国汽车生产企业，各种运费就是一笔不小的开支，相当于营业额的15%。估计这对于福耀玻璃的其他主要竞争厂商来说，运输成本也是只多不少。

目前福耀玻璃在美国的市场占有率还不到20%，上升空间仍然很大（市场份额空间天花板受反垄断法所限，约在50%）。另外，等美国福耀业务稳定下来之后，其可以覆盖至少整个中北美市场（加拿大、墨西哥），还可以向南美拓展建厂。在美国市场扩大份额应该是没有悬念的。

福耀美国的生产经营情况虽然被新冠肺炎疫情打断，但是其在疫情之前就已经展现出强劲的上升势头，相信这个上升势头会在疫情后继续维持。此外，由于近年来美国的保守主义抬头，前特朗普政府宣称“美国优先”的政策竭力使美国制造业回流，让中美“脱钩”的风险似乎有变大的趋势，这可能会给福耀美国的经营带来一些不确定性。但毕竟福耀美国是凭其在成本、技术、经营效率等方面的优势在美国创建起来的，目前看，其他厂商取代福耀美国的可能性微乎其微。

（三）SAM的未来发展趋势

1. 背景情况

2019年1月，福耀以5 882.76万欧元收购了处于破产清算中的德国SAM公司。SAM公司的主营产品铝亮饰条年销售额约2.8亿欧元，在德国和墨西哥拥有11家工厂，全球雇员超过1 900人，主要客户包括大众、保时捷、宝马、奔驰、通用、玛莎拉蒂、标志雪铁龙、沃尔沃等全球知名车企。SAM在铝亮饰条领域拥有100多项专利，表面镀喷涂（铝合金氧化亮条）技术全球领先，其产品拥有经得起刀刮、耐碱性好、可保持20年不褪色等优点，全球具备类似技术的仅有欧洲的DURA、威卡威（在中国有合资上市公司京威股份）及SAM三家企业。

2. SAM破产的原因

SAM因管理不善导致资金链断裂，一场大火终致破产。但其破产更多的是经营层面的原因：①SAM的创始人是搞技术出身的，不擅长公司的经营管理；②SAM在德国、墨西哥开设了11家工厂，厂区布局不合理，进一步加大了公司的管理难度，后因经营不善导致资金链断裂；③2018年底发生了一场大火，烧毁了其中一家工厂的一整条生产线，成为“压垮骆驼的最后一根稻草”。

3. 福耀玻璃成功收购的原因

①福耀玻璃有德国大众的支持。德国大众是SAM的第一大客户，对SAM的资产处置拥有较高的话语权，同时大众也是福耀玻璃的第一大客户，与其有过长期合作，认可福耀玻璃的管理水平，邀请其收购破产清算中的SAM。②SAM对福耀玻璃的认同。福耀玻璃对SAM提出了完备的整合改造方案，如将SAM现有的11家工厂整合压缩至2~3家，并引入精益生产管理体系等，该整合方案得到了SAM管理层的认同，并最终成功竞标。

4. 能否再造一个福耀玻璃

对于收购德国SAM，福耀玻璃董事长曹德旺在接受凤凰网采访时盛赞：“SAM做的铝亮饰条是很值钱的东西，其一套的价值是汽车玻璃价值的几倍。因为SAM管理不行，如果管理好的话，一年也是可以做几百亿（人民币）的，可能比福耀还大。”甚至直言：“拿下SAM等于要再造一个福耀。”

企业家有情怀，我们投资可不能只靠情怀，必须要有量化的数据来支撑投资决策。因此，让我们来大概算算账。SAM铝亮饰条产品单车配套价值约200美元，接近汽车玻璃单车配套价值的三倍。与国内的敏实集团对标，敏实铝饰件业务年收入约35亿元，毛利率约35%。SAM的技术要比敏实好，因此毛利率就按照40%、净利率按照20%来计算，那么要达到目前福耀玻璃一年大概能赚45亿元的利润，年营收就得达到225亿元。2019年SAM的营收仅为10亿元左右，要达到225亿元，意味着要增长22倍之多，难度还是很大的。另外，国内和另一汽车铝亮饰条领导者威卡威合作的京威股份也在亏损中，因此汽车铝亮饰条的生意可能不如曹德旺认为的那么好，这是我们在投资中需要注意的风险点。

总之，面对未来，福耀玻璃最值得关注的是美国福耀的发展情况，以及其生产汽车玻璃包边铝亮饰条的SAM公司的经营表现，让我们拭目以待。

第二节　迈瑞医疗——国产医疗器械的领头羊

迈瑞医疗于2006年9月在美国纽交所上市，2015年实施私有化，2016年3月从纽交所退市，2018年10月正式在深交所挂牌上市。在深交所上市的两年时间里，股价上涨了约5倍，可谓牛气冲天（见图3-2）。

图3-2　迈瑞医疗的历史股价走势图

资料来源：万得股票。

医疗企业的产品与我们每个人几乎都相关，我们在日常生活中多多少少都会碰到，然而由于其专业性较强，有较高的认知门槛，对普通人而言似乎既熟悉又陌生，对于投资者而言，医疗股的投资门槛也相对较高。

我们将继续沿用本书中介绍的一系列关于好企业的标准来分析迈瑞医疗，再次展示尽管不同企业所处的行业差别可能很大，但只要是好的企业，其关键性财务指标和商业模式就能大体上符合我们对好企业的定义标准。这句话反过来说也行，即如果一个企业的关键性财务指标和商业模式符合我们对好企业的定义标准，那么该企业往往就是好企业。

一、发展历程

迈瑞医疗 1991 年在中国深圳由李西廷、徐航、成明和等七名安科前雇员创立，总部位于深圳，主要从事医疗器械的研发、制造、营销及服务，为全球市场提供医疗器械产品。在中国超过 30 个省份设有分公司，境外拥有 40 家子公司。全球员工近万人，其中研发人员占比超过 20%，外籍员工（来自全球 30 多个国家及地区）超过 12%，形成了庞大的全球研发、营销和服务网络。

迈瑞医疗的前身可追溯到 1986 年，那一年，中科院和美国的一家高技术公司合资成立了安科——中国最早的高科技医疗器械公司，迈瑞医疗的几名创始人先后在安科任职。20 世纪 90 年代，医疗硬件资源非常匮乏，只有少数大医院才有现代化医疗仪器，其余的医院只有基本仪器。一个医院需要一万多种医疗设备，而当时的中国只能生产消毒柜、病床、镊子、夹子、针管等简单医疗设备，稍微有点技术含量的设备就需要进口，国外医疗器械占据了国内市场约 90% 的份额。相应地，进口设备价格高企，比如一台进口监护仪卖给医院的价格是 13 万元，但成本才几千元。看到了国内市场对医疗设备的巨大需求和国外进口设备的高昂价格，几位迈瑞医疗创始人觉得不能再等了，于是于1991年创立了迈瑞医疗。

刚开始创业，缺钱少人，迈瑞医疗不得不采取“贸易+研发”双轮驱动的经营策略。贸易业务用来积攒经营利润，研发技术为以后抢占市场、实现国产化替代提供保障。就这样，迈瑞医疗通过代理医疗器械产品起家，然后把赚来的钱投入自身的产品研发中，经过5年的技术攻关，第一代彩超设备的研发取得成功；1997年，迈瑞医疗的总营收达到1亿元，贸易代理和自营产品各占一半；1998年，迈瑞医疗推出了PM9000监护仪系列产品，产品的价格不高，但是监护心电图、呼吸、体温等又是医院刚需中的刚需，其系列产品后来成为拳头产品；1999年，迈瑞医疗实现了自营产品一个亿的营收。随后几年，迈瑞医疗势如破竹，逐渐由低端产品向高端产品发展。

2006年，迈瑞医疗中国首家医疗设备企业在美国纽交所成功上市。与迈瑞医疗在业务上的高歌猛进形成反差的是，其在美国资本市场上的表现总是让企业的管理层不太满意。2015年，迈瑞医疗在美股的市盈率在18倍左右徘徊，但同为安科系的宝莱特、理邦等却在国内A股享受着动辄五六十倍，甚至上百倍的估值。此外，境外资本市场有时对中国企业并不友好，一些虚假的做空报告都需要花费大量的力气去请律师调查，这给企业带来了大量的成本。因此，迈瑞医疗的三个创始人决定将其私有化。2015年6月，迈瑞医疗启动了私有化进程，最终，以总价33亿美元从纽交所私有化退市。之后，迈瑞医疗整体又进行了复杂的股权结构调整和资产重组，引入了深创投、华泰瑞联、高特佳等投资，创始人李西廷、徐航共同持有迈瑞医疗64.63%的股份，为共同实际控制人。2018年9月，迈瑞医疗获得IPO批文，成功在A股创业板上市。回到A股上市，企业员工感到耳目一新，骨干员工拿到股份激励，团结了核心人才。

经过近30年的发展，如今的迈瑞医疗主营业务覆盖生命信息与支持、体外诊断、医学影像三大领域，在2019全球医疗设备供应商排行榜中位列第42。

在生命信息与支持领域，企业的产品包括监护仪、除颤仪、麻醉机、呼吸机、心电图机、手术床、手术灯、吊塔吊桥、输注泵，以及手术室/重症监护室（OR/ICU）整体解决方案等在内的用于生命信息监测与支持的一系列仪器和解决方案的组合。

在体外诊断领域，企业为实验室、诊所和医院提供一系列全自动及半自动的体外诊断产品，主要包括血液细胞分析仪、生化分析仪、化学发光免疫分析仪、凝血分析仪、尿液分析仪、微生物诊断系统等及相关试剂，通过人体样本（如血液、体液、组织等）的检测获取临床诊断信息。

在医学影像领域，企业的产品包括超声诊断系统、数字X射线成像系统。超声诊断系统利用数字化控制的声波发射和接收技术提供实时的诊断图像，可以探测人体组织的超声回波特性、血流方向和速度等信息。数字X射线成像系统利用平板探测器来捕捉图像，相比于传统的放射影像系统，数字X射线成像系统缩短了患者暴露在X射线下的时间。

除了三大产品领域，企业正在积极培育微创外科领域业务，目前包括外科腔镜摄像系统、冷光源、气腹机、光学内窥镜、微创手术器械及手术耗材。相比传统开放式手术的大切口，现在可通过人体的自然腔道或体表微型切口建立通道，将内窥镜及手术器械探入体腔完成对病变的处理，从而达到微创的目的，显著加快患者术后恢复的进程，缩短住院时间。

目前，企业的产品及解决方案已应用于全球190多个国家和地区。在国内市场，其产品覆盖近11万家医疗机构和99%以上的三甲医院，包括全国知名的北京协和医院、中国人民解放军总医院、上海瑞金医院等。在国际市场，作为全球领先医疗机构（如梅奥诊所、约翰·霍普金斯医院、麻省总医院、克利夫兰医学中心）的长期合作伙伴，企业已赢得美国、英国、德国、法国、意大利、西班牙等国家医疗机构的广泛认可。

二、企业特征

在简要了解了迈瑞医疗的历史和现状后，我们来检验一下这家企业。

（一）毛利率

如前所述，迈瑞医疗于2006年9月在美国纽交所上市，2015年实施私有化，2016年3月从纽交所退市，2018年10月正式在深交所挂牌上市。为了财务数据整理的一致性和方便性起见，我们就考察迈瑞医疗在A股上市两年来的财报数据。虽然考察的时间段较短，但也能窥得其最新的发展状态，对文中结论不会有实质影响。

2018年、2019年迈瑞医疗的毛利率如表3-8所示。

表3-8　2018年、2019年迈瑞医疗的毛利率情况

	2018年	2019年
毛利率（%）	66.57	65.23

资料来源：公司年报。

由表3-8可知，迈瑞医疗的毛利率高达65%以上，远高于30%这一我们对好企业毛利率的定义标准。不过有的企业毛利率虽然高，但是期间费用也高，由此导致净利率较低，进一步导致净资产收益率较低，因此我们来进一步考察迈瑞医疗的净资产收益率到底如何。

（二）净资产收益率（ROE）

2018年、2019年迈瑞医疗的净资产收益率如表3-9所示。

表3-9　2018年、2019年迈瑞医疗的净资产收益率情况

	2018年	2019年
净资产收益率（%）	42.16	27.91

资料来源：公司年报。

从表3-9可知，迈瑞医疗的净资产收益率数值在过去两年也都远远超过了我们对好企业净资产收益率要求的不小于15%的标准。不过，其2019年净资产收益率却同比下降了14.25%，这是为什么呢？主要是由于2018年10月企业上市所募集的资金令净资产大幅增加，而募投项目从资金投入到产生效益需要一定的周期，从而导致报告期内企业的加权平均净资产收益率被摊薄。

进一步考察高净资产收益率是否来自高的财务杠杆，即高资产负债率呢？见表3-10。

表3-10 2018年、2019年迈瑞医疗的负债情况

	2018年	2019年
负债总额（亿元）	58.62	65.61
资产总额（亿元）	213.51	248.74
资产负债率（%）	27.46	26.38

资料来源：公司年报。

由表3-10可知，在两年中，迈瑞医疗的资产负债率并不算高，如果进一步考察，会发现其所有负债基本都是经营性预收和应付，有息负债基本为零，说明企业没有加载经营杠杆，没有需要支付利息的负债，因此迈瑞医疗的净资产收益率不仅高而且非常优质。

（三）自由现金流

我们还是用长期资产的折旧摊销来做保全性资本支出的近似替代来计算迈瑞医疗的实际自由现金流情况，即自由现金流=经营现金流净额-保全性资本支出（固定资产折旧+无形资产和长期待摊费用摊销+处置长期资产的损失）（见表3-11）。

表3-11 2018年、2019年迈瑞医疗的实际自由现金流情况

	2018年	2019年
1 经营性现金流净额（亿元）	40.35	47.22
2 资产减值准备（亿元）	0.32	0.51

续表

	2018 年	2019 年
3 固定资产折旧、油气资产折耗、生产性生物资产折旧（亿元）	2.14	2.23
4 无形资产摊销（亿元）	0.90	1.08
5 长期待摊费用摊销（亿元）	0.14	0.07
6 处置固定资产、无形资产和其他长期资产的损失（亿元）	0.03	-0.04
7 非付现成本费用（亿元）= 2+3+4+5+6	3.53	3.85
实际自由现金流（亿元）= 1-7	36.82	43.37

资料来源：公司年报。

由表 3-11 可知，迈瑞医疗的实际现金流在 2018 年、2019 年不仅总量不菲，且大幅增加。

接下来考察迈瑞医疗的净利润质量。我们在第一章说过，**一个好的企业，应该能产生充沛的经营现金流，最好接近或超过净利润，这说明利润大部分或全部是以现金方式实现的，成色足，质量高。**以此为标准，我们看看迈瑞医疗净利润的成色如何（见表 3-12）。

表 3-12　2018 年、2019 年迈瑞医疗的净利润成色

	2018 年	2019 年
经营性现金净额（亿元）	40.35	47.22
扣非净利润（亿元）	36.91	46.15
经营活动产生的现金流量净额与净利润比	1.09	1.02

资料来源：公司年报。

由表 3-12 可知，2018 年、2019 年，迈瑞医疗的经营活动现金流净额一直大于其净利润，显示出利润的质量还是很高的。

（四）重复消费性

迈瑞医疗的医疗设备、器械、耗材等主营产品品种比较丰富，一旦客户选用了产品，往往会出于配套使用、集中维护、使用习惯以及日后升级换代等因素而继续选购，因此具有较强的重复消费性。一旦单品突破成功，往往能带动其他产品一同渗透。

（五）定价权

从迈瑞医疗近两年高达65%以上的毛利率可以看出，其具备一定的定价权，这是与其国产医疗器械平台的龙头企业地位相称的。当然，相对于医疗器械的国际巨头们，迈瑞医疗的定价权还是比较有限的。不过，随着迈瑞医疗持续加大研发投入，不断在高端产品上有所突破，其产品的定价权有逐渐增强的趋势。

三、成功因素

迈瑞医疗历经近30年的发展，成长为国内医疗器械领域的龙头企业，其取得成功的核心原因主要有以下三点：

（一）占有天时地利

随着全球人口自然增长、人口老龄化程度提高，医疗健康行业的需求持续提升，长期来看全球范围内医疗器械市场将保持增长。我国经济在过去几十年的高速发展，使人民生活水平大幅提高，支付能力不断提升，对自身健康的关注也大大增强，医疗体系逐步完善，全社会对医疗设备的投入和消费都在增加，这使得我国医疗器械行业增长迅速。据中国医学装备协会的数据显示，2017年我国医学装备市场总体规模超过6 500亿元，且每年增长超过10%。自2014年以来，我国已经成为全球第二大医疗器械市场。我国是人口大国，同时面临着社会老龄化的严峻挑战，医疗器械属于国家重点支持的战略性新兴产业，做强做大是符合国家产业规划和医疗领域改革方向的。因此，全球市场对医疗器械产品的强劲需求以及中国对医疗器械产品国产替代进口的政策支持，给了迈瑞医疗成长和发展的充足动力和空间，这是其得以高速发展的“天时”。

此外，迈瑞医疗地处我国制造业发展最具活力的核心城市——深圳，这对于吸引和留住高端人才、充分享受产业生态网络的红利至关重要，这是迈瑞医疗所占的“地利”。

（二）卓越的体系化研发创新能力

迈瑞医疗的几位创始人具有中国科技大学、清华大学、上海交通大学等著名高校的学历背景，从创业伊始就志存高远，将打造自己的核心技术作为企业发展的基石和长远追求，可以说，从一开始就为企业注入了创新的基因。迈瑞医疗每年将约10%的营收资金投入研发中，过去十年累计投入超过100亿元，其对研发的投入力度在国内医疗器械领域是绝对领先的。目前，迈瑞医疗的主营业务如监护、除颤、麻醉、血液分析、超声等已处于全球前列。企业目前建立了基于全球资源配置的研发创新平台，设有八大研发中心，且已经开启了第九个研发中心的建设，共有约2 500名研发人员，产品不断丰富，持续推陈出新，尤其在高端产品方面不断实现突破。

研发创新需要持续投入，效果只能在长期体现，其间还会面临许多赚快钱的诱惑，因此，创始人、管理层的战略眼光、战略布局对企业是否能够越来越优秀甚至从优秀到卓越至关重要。

（三）专业、灵活、完备的售前售后服务体系

医疗器械具有一定的技术含量，与人的生命和健康紧密相关，因此市场准入门槛较高，对售前销售服务的专业性和售后维护服务的及时性要求都很高。

售前方面，迈瑞医疗有一支3 000多人的专业销售队伍，在国内超过30个省份设有分公司；在境外超过30个国家拥有子公司。在北美，企业拥有专业直销团队，已与美国五大集体采购组织MPG、MedAssets、Novation、Premier、Amerinet合作，项目覆盖北美近万家终端医疗机构。

在欧洲，企业采用了“直销+经销”的销售模式，产品持续进入欧洲高端医疗集团、综合医院以及专科医院。在发展中国家如拉美地区，迈瑞医疗采用了经销为主的销售模式，建立了完善且覆盖度广的经销体系，产品进入了多家综合性和专科类医院。

售后方面，迈瑞医疗拥有覆盖全球的售后服务体系，在境外设立了三级技术支持架构，由境外 28 个子公司提供当地服务热线，接受客户服务申告，100 余个驻地直属服务站点为客户提供现场服务和技术支持。此外，企业海外子公司为当地终端客户和渠道资源提供售后技术培训。在国内，企业构建了由 31 家分公司、60 余家驻地直属服务站和 670 余家优质授权服务分包商共同组成的完整的“总部—分公司—直属服务站—服务分包商”四级服务网络构架。企业开通客户呼叫中心，7×24 小时全天候服务，有专家座席 100 余名，并搭建了完备的四级备件库，拥有先进的 CRM 客户关系管理系统和远程支持平台，提供主动预防式远程诊断服务以及完整的客户服务解决方案。企业拥有 600 余名直属工程师，200 余名临床应用工程师以及 2 700 余名经原厂培训、考核及认证的专业服务分包商组成的服务团队。

迈瑞医疗相对于国际巨头具有价格和服务上的优势；相对于国内同行具有质量、性能和服务的优势。不过，迈瑞医疗目前的体量还相对较小，还处在高速发展的成长期，未来发展的空间依旧很大。

四、估值

前文“实际自由现金流”一节中显示，迈瑞医疗的实际自由现金流在 2019 年为 43. 37 亿元，对应的营业收入为 165. 56 亿元。迈瑞医疗的董事长李西廷在 2019 年曾公开表示，迈瑞医疗的下一个目标很明确——在今后 10 年内进入全球医疗器械供应商的前 20 名，这要求企业一年营收至少有100亿美元左右，即在2029年要有约700亿元的营业收入，这意味着未来10年营业收入将以年化约15%的速度增长，10年增长4.2倍。

我们假设同期的实际现金流也以15%的年化率增长，10年增长4.2倍，达到182亿元。其实，随着销售规模的扩大以及高端产品的营收占比增加，迈瑞医疗赚取现金流的速度会比营收增速快，因此我们这个假设是偏于保守的。对于这种年化稳定增长15%的医疗器械企业，给出实际现金流的20~30倍的估值都是合理的，因此2029年迈瑞医疗的合理市值在3 600亿~5 500亿元。2020年由于受新冠肺炎疫情影响，A股给迈瑞医疗的估值十分乐观，其市值已经达到了4 200亿元左右，当前的价格已经很大程度透支了未来的增长，尽管迈瑞是个好企业，但是当前却不是好价格，需要投资者保持耐心，等待有足够安全边际时再出手。

再次强调，上述估值方法和结论具有很大的主观性，这里仅为读者提供一个参考。

五、结语与讨论

（一）客户转换成本护城河

医疗器械产品，特别是较为复杂的产品，具有较陡的学习曲线，再加上关乎患者的生命和健康，因此医务人员一旦在实践中熟练掌握操作后，就不会轻易转换使用其他同类产品，因而具有较高的客户转换成本。这种较高的客户转换成本对于新的设备供应商而言就是准入门槛，不过一旦靠实力赢得了客户信任，突破进去，那么原来的高客户转换成本就会成为自己的护城河，构成对其他竞争对手的壁垒。这就像是攻打一个“城堡”，在攻入之前是障碍，在攻入之后则成为庇护。

在中低端市场，迈瑞医疗凭借质量、性能、服务、价格等优势“攻城略地”；而在高端市场，迈瑞医疗凭借价格优势以及不断提升的质量、性能、服务来逐点突破，攻克一座又一座的“城堡”。对手要想再夺回来，是很不容易的。

（二）关于在美股和A股上市

迈瑞医疗是很少的在美股上市之后，又回到A股上市的企业。很多投资者对此系列操作比较好奇，为什么会这么做呢？

2006年，迈瑞医疗之所以选择去纽交所上市，是想开拓国际市场。李西廷对此解释说：“如果你是一家没有名气的企业，产品也没有品牌，拿到国际市场去卖很难卖掉。那么想要打开国外新兴市场，就必须获得别人的基本信任，也就只有到华尔街上市了。如果你是在华尔街上市的企业，别人多少会有些抓手，万一从你这购买的产品有问题，知道该去哪里、找谁咨询或维权。”

不过，10年后，也就是2016年，迈瑞医疗完成了33亿美元的私有化交易从美股退市，这主要有以下几方面原因：

一是此时美国的资本市场对迈瑞品牌的海外推广已经没有了太多的贡献。迈瑞医疗能卖出产品，完全基于自己的品牌、质量和售后服务，它在国际市场已经被大家认可。二是迈瑞医疗曾经遭到一些做空机构的干扰，时不时就成了做空报告的主角。企业为了应付这些，需要付出高额成本。三是在A股上市有利于迈瑞医疗国内市场品牌的拓展。四是在A股上市能获得比在美股高得多的估值，股东因此得以获利，而企业的融资能力和并购能力也会大大增强。

李西廷曾说过：“一些小的公司，只有10亿元左右的销售额、一两亿元的利润，与迈瑞医疗有着量级上的差距，但由于它的市值比迈瑞还高，融资能力就比迈瑞强。我们要是遇到同一个并购标的，竞争起来是非常难的。”

（三）医疗器械市场空间和我国产业现状

我国是人口大国，人口老龄化程度不断提高，随着经济的快速发展，民众支付能力不断增强，医疗体系逐步完善，医疗器械企业增长迅速。根据中国药品监督管理研究会的《医疗器械蓝皮书：中国医疗器械行业发展报告（2019）》，2018 年我国医疗器械生产企业主营收入约为 6 380 亿元，2021—2022 年医疗器械生产企业主营收入有望突破万亿元，我国医疗器械行业复合增长率持续保持在 15%左右，市场未来一段时间仍将维持高速扩容态势。根据 Evaluate Med Tech 预计，2018 年全球医疗器械市场容量约为 4 278 亿美元，2017—2024 年全球医疗器械销售额平均增长 5.6%，2024 年将达到 5 945 亿美元。

李西廷在 2018 年迈瑞医疗的年报中指出，如果 2018 年之前的 10 年是国内医药产业发展的“黄金十年”，那么 2018 年开启了国内医疗器械产业发展的“黄金十年”。国内市场方面，随着医改向纵深发展，分级诊疗政策带动基层医疗机构扩容升级；药品零差率等政策的全面落实，推动了二级以上医院采购性价比更高的医疗器械产品。同时，国家持续加大对国产医疗器械的政策扶持力度，优秀企业也加大了自主研发投入，实现了对进口厂商技术封锁的突破，不断推出质量优而性价比高的产品，与市场需求实现高度匹配，逐步实现进口替代。与国际市场相比，中国的医疗器械市场还有巨大的成长空间，中国的医疗器械市场规模为 4 000 多亿元，而全球的医疗器械市场规模有 4 000 多亿美元。从药品和医疗器械人均消费额比例（药械比）的维度来看，中国的药械比大概是 1∶0.351，远高于发达国家的1∶0.981。国际市场方面，以迈瑞医疗为代表的国内医疗器械企业越来越多地参与到全球竞争中。随着国内医疗器械企业的技术提升和规模壮大，其在全球医疗器械市场中会发挥更为重要的作用，占据更大的市场份额。

面对广大的市场，中国医疗器械企业竞争力总体仍旧很弱，大多数领域的主要市场份额被进口企业垄断。国内生产企业有超过 1.6 万家，经营企业有超过 40 万家，但企业规模小，研发弱，产品、技术和服务能力相对有限。除超声成像设备和全自动生化仪以外，国内主要医疗设备产品均属于寡占型市场，其中大部分寡头是跨国企业。被简称为“GPS”的通用电气（GE）、飞利浦（Philips）、西门子（Siemens）三家公司，在我国高端医疗设备市场占有较高的份额。

在医疗设备领域，如果长期被跨国企业占据主导，那么付出的代价是沉重的医院硬件建设开支及患者高昂的检查和诊疗费用。很显然，在解决看病贵的问题上，提高医疗设备国产化率，降低高昂的检查和诊疗费用，将成为必由之路。《中国制造 2025》中提出，要提高医疗器械的创新能力和产业化水平，重点是发展影像设备、医用机器人等高性能诊疗设备。从国家发展改革委制定的《高端医疗器械和药品关键技术产业化实施方案》亦可以看出产业政策对医疗器械设备的支持。因此，扶持迈瑞医疗这种国内医疗器械设备的龙头企业，助力其做强做大是符合国家产业规划和医疗领域改革方向的。

目前，国产医疗器械进口替代主要有三种情况：一是在少部分细分领域，我们已经完成了进口替代，国产化率超过六成，比如监护仪、生化试剂等；二是在部分细分领域，我们已经完成了技术突破，比如血球、麻醉、呼吸、大型影像设备等，但尚未替代进口产品；三是在相当多的细分领域，我们还没有掌握核心技术，比如超高端彩超、内窥镜等。总体来说，中国高端医疗器械市场还是以进口品牌为主，进口替代还有很长的路要走。

（四）未来的成长策略

迈瑞医疗未来的成长策略将是研发、并购两条腿走路。并购可以使迈瑞更快地获得品牌、技术和市场。迈瑞医疗先后并购了美国 Datascope 的监护业务，以及苏州惠生、浙江格林蓝德、长沙天地人、杭州光典、武汉德骼拜尔、上海医光、ZONARE、UIco、北京普利生、上海长岛等企业。以迈瑞医疗在美国的两起并购为例，其以 2.02 亿美元收购的第一家美国企业 Datascope 是监护仪产品的鼻祖，但是这个企业不够进取。收购之后迈瑞医疗对它进行了产品升级，同时通过它的销售渠道让几百名当地销售人员开拓市场，把迈瑞医疗的全线产品都推到美国去了。通过此次并购，迈瑞医疗一跃成为全球第三大监护设备制造商。2013 年，迈瑞医疗以 1.05 亿美元全资收购美国 ZONARE 医疗系统集团，这家企业的成像技术是全球最先进的，收购之后综合两家企业的技术，迈瑞医疗的超声产品一下子就迈入了国际市场第一梯队，其目标是在几年内做出全球顶级的超声产品。这两起并购都很成功，使迈瑞医疗快速获得了高端市场和高端技术。

由以上分析可以看出，迈瑞医疗的企业前景广阔，值得投资者长期关注。

第三节　赛富时——软件的终结者

谈到赛富时（Salesforce）这家企业，估计对于大多数人来讲比较陌生，因为这家企业从事的专业软件服务离大多数人的日常生活比较远。还是老规矩，我们先来看一下这家企业的股价表现（见图 3-3）。

赛富时市值从 2004 年 6 月 23 日上市时的 11 亿美元，增长到阶段高点——2020 年 9 月 2 日的 2 589 亿美元，历经 16 年，市值增长了 234 倍（大体估算，未考虑分红），投资复合年化回报率为 40.6%，可谓惊人！

图 3-3　赛富时的历史股价走势图

资料来源：万得股票。

一、发展历程

谈到赛富时一定要从其创始人兼首席执行官马克·贝尼奥夫谈起，他在读高中时就卖出了自己编写的软件，15 岁时创办了第一家公司，编写售卖游戏软件。从南加州大学毕业后，他加入了甲骨文公司，1990 年也就是他 26 岁那年成为公司最年轻的副总裁。1993 年，他早早感到了“中年危机”，觉得自己似乎把大半辈子都卖给了公司，是时候静下心来好好思考未来了。他先是在夏威夷海岛上待了三个月，接着又去印度游历了两个月，在此期间他不断思考，终于想明白了一件事，那就是甲骨文所处的传统软件行业的营销模式要终结了。颠覆它的，就是开始兴起的互联网。贝尼奥夫有一种强烈的预感，那就是未来的软件不会再像 PC 时代那样需要用户先购买，再部署到本地电脑上，而是直接部署在互联网上，用户可按需付费使用。这源于传统软件行业一个根深蒂固的痛点：既昂贵又不能高效使用。当时，即使低端软件产品的授权费也在 1 500 美元左右，要是加上服务支持、定期咨询、购买适配硬件、人员管理、培训等，一个供200人使用的低端软件产品，一年总花费高达一两百万美元，而企业花了大价钱购买的软件，在很多时候没能充分高效地使用。1996年，贝尼奥夫打算把自己“终结软件业”（The end of software）的设想变成现实，他想建立一个用户负担得起的客户关系管理（CRM）软件，并完全在线提供服务，让销售人员跟踪销售线索及管理客户，像在亚马逊上买书一样简单，于是创立了赛富时，推出了通过云端提供的软件，即Software-as-a-Service（SaaS），服务模式的客户关系管理软件（CRM），云端运行的方式让CRM更易于使用。对于传统的软件工具，企业除了购买软件的成本，还需要购买、构建和维护自己独立的IT硬件设备。SaaS的出现为企业提供了另一种解决方案，借助SaaS平台，企业只需通过网络注册使用账号并在自己的设备上进行一些简单的设置，即可以启用所需的软件服务，并且通过互联网在世界任何地方均可使用共享的基础设备。赛富时开启了一场变革——不需要本地部署的、按需使用的互联网软件服务，即SaaS，各种规模的公司都可以轻松部署。传统软件与SaaS商业模式的差异如表3-13所示。

表3-13　传统软件与SaaS商业模式的差异

传统企业软件	SaaS模式
客户一次性购买	分多次订阅付费
价格昂贵，很多功能用不上	更经济，按需购买所需模块
客户需要雇用专人管理、维护软件	不需要雇用专人管理与维护

资料来源：相关资料整理而得。

概括来讲，相对于传统软件交付模式，SaaS模式具备低成本、高可用性、可伸缩性、可维护性等突出优势。对于企业来说，SaaS初期采购成本低，后期按需付费，企业无须准备机房、购买服务器设备、安装软件、维护管理等。这大大降低了企业的决策成本，提升了企业软件的可伸缩性，风险低且更为实惠。同时，SaaS软件更容易升级更新，PC时代软件生命周期的说法将不复存在。另外，SaaS软件更适合当今移动办公的趋势，移动化和 SaaS 化相互促进、相互加强。

二、企业特征

接下来，我们以第一章定义的好企业标准来检视一下赛富时。

（一）毛利率

表 3-14 为 2015—2019 年赛富时的毛利率情况。

表 3-14　2015—2019 年赛富时的毛利率情况

	2015 年	2016 年	2017 年	2018 年	2019 年	5 年平均
毛利率（%）	75.18	73.38	73.54	74.02	75.23	74.27

资料来源：http://www.macrotrends.net.

由表 3-14 可知，赛富时的毛利率常年维持在 75%左右，远高于我们对好企业毛利率要大于 30%的要求。

（二）净资产收益率（ROE）

表 3-15 为 2015—2019 年赛富时的净资产收益率情况。

表 3-15　2015—2019 年赛富时的净资产收益率情况

	2015 年	2016 年	2017 年	2018 年	2019 年	5 年平均
净资产收益率（%）	-0.95	2.40	1.36	7.11	0.37	2.06

资料来源：http://www.macrotrends.net.

由表 3-15 可知，赛富时过去多年的净资产收益率一直不高，在个位数左右，甚至有些年份还为负值。显然，这达不到我们对好企业 ROE 至少要大于 15%的要求，这主要是赛富时 SaaS 的产品特点导致的。我们相信，未来赛富时的净资产收益率一定会超过 15%的。这种猜想有没有依据呢？

首先，我们来分析一下为什么赛富时的净资产收益率多年来都比较低。

根据杜邦分析，净资产收益率=销售净利率×总资产周转率×权益乘数，我们分别看下这三个要素，见表 3-16。

表 3-16 2015—2019 年赛富时净资产收益率的三个要素情况

	2015 年	2016 年	2017 年	2018 年	2019 年	5 年平均
净利率（%）	-0.71	2.14	1.22	8.36	0.74	2.35
总资产周转率（倍）	0.52	0.48	0.50	0.43	0.31	0.45
权益乘数	2.55	2.34	2.24	1.97	1.63	2.15

资料来源：http：//www.macrotrends.net.

我们看到，赛富时的销售净利率与其净资产收益率相仿，也是个位数，在一些年份甚至是负数，极低的销售净利率是导致赛富时净资产收益率不高的主要原因。

其次，看权益乘数。权益乘数=资产总额/股东权益总额，即 1/（1-资产负债率），如果资产负债率高，那么权益乘数就大。从表 3-16 中可以看到，赛富时 2015—2019 年的平均权益乘数仅为 2.15，对应的负债率在 53%左右，并不算高，况且还在逐年下降，2019 年时仅为 38.65%。这说明赛富时的资产负债率是比较低的，这可以部分解释赛富时较低的净资产收益率。不过，我们并不推崇以提高负债率的方式来提高净资产收益率，因为这会使企业承担更大的财务风险。因此，赛富时保持较低的负债率是一种审慎的做法，无可厚非。

最后，再看总资产周转率，赛富时 2015—2019 年的平均值为 0.45 倍，这个数值是高还是低呢？我们看下与它的商业模式相仿的同行们的相关指标，见表 3-17。

表 3-17 2015—2019 年相关企业的总资产周转率情况

	2015 年	2016 年	2017 年	2018 年	2019 年
赛富时	0.50	0.52	0.48	0.50	0.43
Adobe	0.41	0.46	0.50	0.48	0.54
微软	0.53	0.44	0.37	0.43	0.44
甲骨文	0.34	0.33	0.28	0.29	0.36

资料来源：相关资料整理而得。

可以看到，同样也采用 SaaS 订阅模式的 Adobe 公司的总资产周转率近些年也保持在 0.5 倍左右，其他软件巨头如微软的该指标数值也相仿，甲骨文甚至还要低些。因此，赛富时的总资产周转率算是正常，其净资产收益率低，不是总资产收益率造成的。

总结一下：赛富时的净资产收益率较低主要是较低的销售净利率导致的。那么问题来了，为何在毛利率如此高的情况下，销售净利率却如此低呢？这是由SaaS软件销售模式的特点决定的。美国传统软件的销售费用率大多在20%~30%，而SaaS软件的销售费用率整体较高，大多集中在40%~60%。在SaaS模式下，销售费用包括销售人员的人员成本（底薪+提成）以及市场推广费。对于新签客户而言，一般销售提成在20%~35%，对于续签客户，一般销售提成在5%~8%。在赛富时的初创以及成长期，获取新客户、迅速占领市场份额至关重要，因此销售费用较高。但是，收入却是按月分摊确认的，收入与成本在时间上不匹配，导致其销售费用率整体较高。随着时间的推移，逐渐积累了足够多的老客户后，订阅收入会迅速增加。老客户的"获客"成本很低，这样，赛富时的销售费用率就会不断降低。

实际上，赛富时的销售净利率从2013年起就出现了拐点，探底回升逐年提高，这是因为其研发费用、销售费用（占主要部分）、管理费用等都在2013年出现了拐点，如图3-4至图3-6所示。

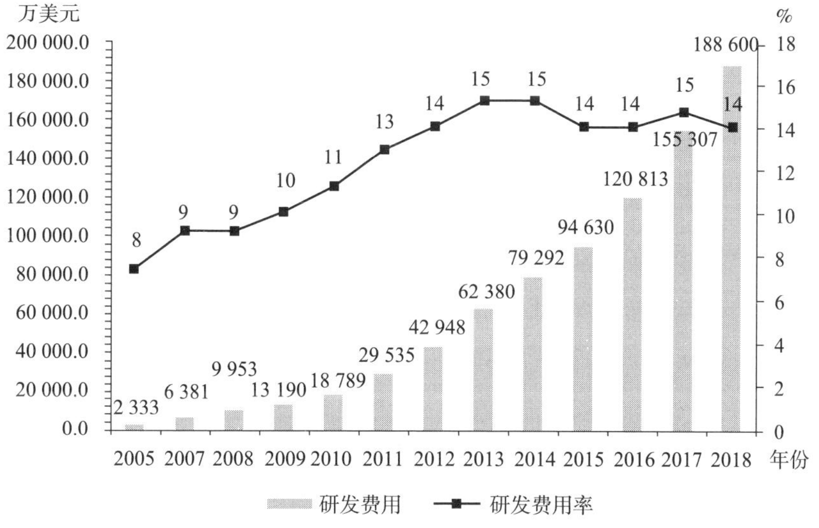

图3-4　2005—2018年赛富时的研发费用情况

资料来源：万得、华创证券。

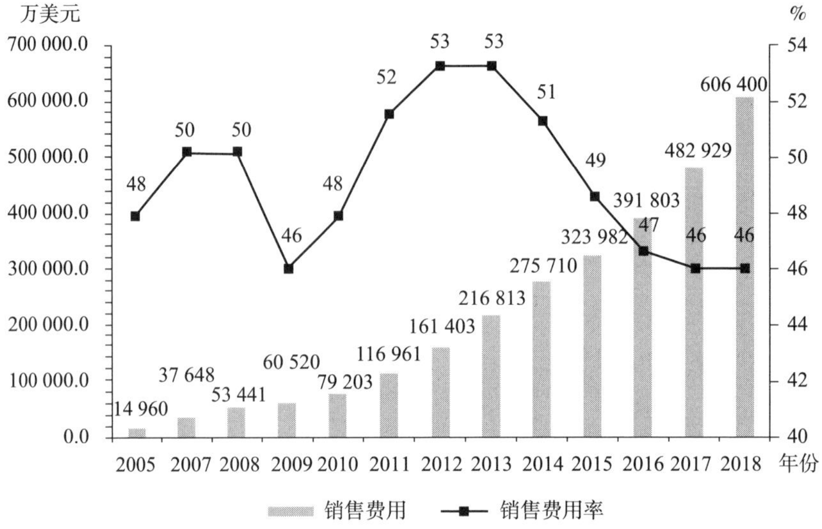

图 3-5　2005—2018 年赛富时的销售费用情况

资料来源：万得、华创证券。

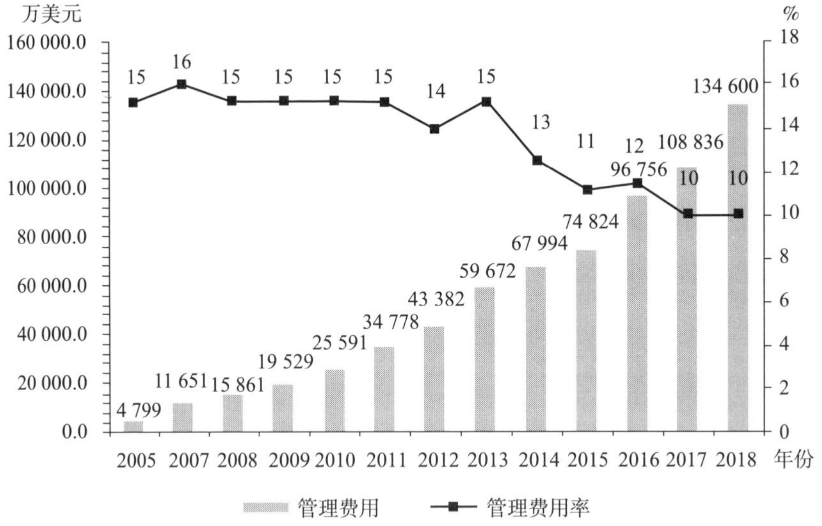

图 3-6　2005—2018 年赛富时的管理费用情况

资料来源：万得、华创证券。

以另一个软件巨头 Adobe 公司为例。Adobe 于 2013 年开始从传统软件的销售模式转为 SaaS 模式的订阅式服务，其销售净利率如图 3-7 所示，在经历了2014年短暂下滑后，重拾升势一路攀升，带动着净资产收益率节节升高，甚至达到了接近30%的水准！

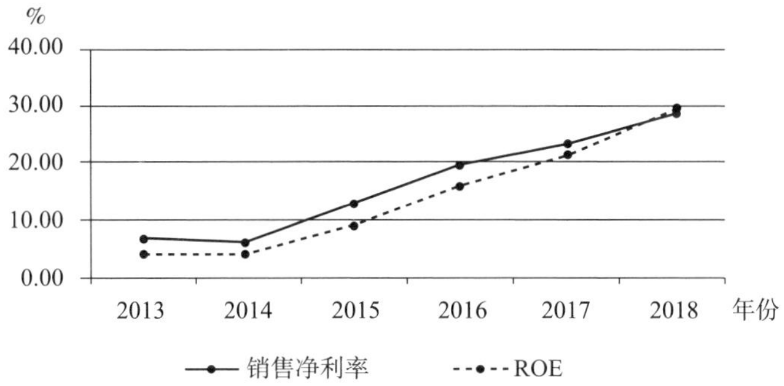

图3-7　2013—2018年Adobe公司的销售净利润情况

资料来源：相关资料整理而得。

因此，我们相信，赛富时会随着规模效应越来越强，各个产品的协同性增强，经营杠杆得以释放，“三费”会逐步下降，其净资产收益率也一定会走出相似的轨迹，终会超过15%，达到我们对好企业这一指标的要求，甚至也会超过20%、25%，让我们拭目以待。

顺便说一句，如果你因为看到赛富时的净资产收益率未达到我们要求的大于15%而放弃了进一步考察该企业，当然可能会错过这个大牛股，难免会有些遗憾。因此，企业的财务指标必须要结合企业的商业模式一起理解，不能僵化死板、刻舟求剑。但退一步讲，即使因此错过投资标的也不会让我们亏钱，不懂不做，宁可错过，也不可做错。

（三）自由现金流

为了简便起见，我们直接引用雅虎财经的数据，2015—2019年赛富时的自由现金流情况见表3-18。

表 3-18　2015—2019 年赛富时的自由现金流情况

	2015 年	2016 年	2017 年	2018 年	2019 年
自由现金流（亿美元）	9.62	16.98	22.04	28.03	36.88

资料来源：http：//finance.yahoo.com.

从表 3-18 可知，赛富时的自由现金流增长十分强劲，从 2015 年的 9.62 亿美元迅猛增长到 2019 年的 36.88 亿美元，年均复合增长率接近 40%！正是凭借着自身强劲的自由现金流，赛富时才能在保持较低负债率的同时，频频展开并购，迅速打造产品矩阵，取得规模效应，这些将在后面进一步介绍。

（四）重复消费性

客户对 SaaS 软件的使用是订阅模式，具有很强的重复消费性。SaaS 软件的关键除了收获新客户，还有就是尽可能多地、时间尽可能长地留住老客户，提高续费率，增加其重复消费的次数。

（五）定价权

软件产品一旦开发出来，再生产一套的边际成本几乎为零，越多用户使用就越能分摊成本增加的利润，因此软件产品通常不会提价。如图 3-8 所示，赛富时提供了从 25 美元/月到 300 美元/月不等的报价，可供客户根据自己的需要来选择，不同的价格对应不同的功能和服务，甚至还可以免费试用。这个价格区间绝大多数客户是能够接受的——小企业选择便宜的基础版，大企业选择贵些的高级版，因此赛富时虽然没有涨价的必要，但也没有降价的必要，由于客户群体大，只要维持现价，成本得以更多地分摊，在售价相等的情况下，毛利率也会比那些客户群体较少的同行高，甚至随着经济发展、通货膨胀和人力成本的增加，产品售价也能有一定程度的上涨，这就体现了定价权，赛富时常年毛利率在 70%以上也说明了这一点。此外，赛富时还通过多种产品交叉捆绑销售来满足客户的多种需求，进而提高了其议价能力。

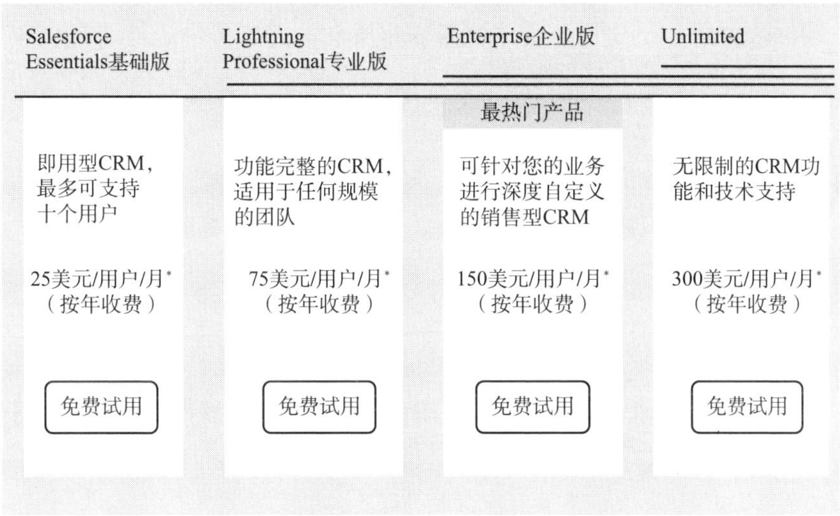

图 3-8　赛富时的定价区间

注：*代表所有按用户数量计费的产品都需签订包年合同。

资料来源：公司网站。

（六）经济护城河

赛富时的经济护城河主要是它有着较高的用户转移成本，这主要是因为：

赛富时的软件产品和用户的关键商业数据（比如客户信息、市场数据、营销信息处理流程等）紧紧地绑定在一起，用户若切换到其他软件会面临生意受到重大影响的风险。

赛富时积极通过研发和收购拓展产品种类，对用户进行多产品交叉捆绑打折销售，满足了用户多方面的需求，给用户提供了更加丰富和优质的体验，这不仅提高了客单价，更重要的是增加了用户黏性，从而进一步提高了用户的转移成本。

三、成功因素

从1999年创立至今，赛富时重新定义和改造了传统软件行业，业务高速增长，市值逾2 000亿美元，可谓相当成功。是哪些因素造就了赛富时的成功呢？

（一）率先识别技术发展趋势，选准了一个好赛道起家

早在1996年，还是甲骨文、微软、SAP这些传统软件公司大行其道、如日中天的时候，赛富时的创始人马克·贝尼奥夫就极具前瞻性和洞察力地意识到软件的传统销售使用模式会因无法很好地满足互联网时代的要求而走向穷途末路。1999年赛富时成立后，成为世界上第一家SaaS模式的软件公司。

在选择赛道起家时，赛富时选择了一个拥有巨大市场潜力，但还没有软件巨头覆盖的细分市场——客户关系管理（CRM）软件市场。看准了技术趋势，选对了产品方向，帮助赛富时得以迅速成长。

（二）积极并购拓展产品种类，打造出一站式软件服务平台

自成立以来，赛富时围绕着产品和技术两大主线，积极展开并购。在产品线上，赛富时通过并购整合实现了从单一CRM产品向财务、客户体验管理（CEM）、人力资源、企业资源规划（ERP）、市场营销、大客户流程管理、电子商务等领域的跨越，将自身打造成一站式软件服务平台；在技术线上，赛富时通过并购实现了云计算+大数据+人工智能等技术整合。在产品线和技术线上所做的这些并购和整合极大地拓展和丰富了赛富时的产品种类，提高了产品的使用价值，打造出一个先进的软件服务平台，可以为用户提供一站式的软件服务，满足用户多方面的需求，极大地增加了产品的吸引力和用户黏性。

（三）不断创新，激发和引领客户需求

从推出世界上第一个 SaaS 模式的 CRM 软件，到推出世界上第一款 PaaS（Platform as a Service）产品 Force. com，再到发布可支持第三方开发者的应用商店平台 App Exchange（类似于后来的苹果 App Store），以及业界第一款基于人工智能的产品 Einstein（爱因斯坦），赛富时总是不断创新，紧紧把握技术的发展趋势，激发和引领客户的需求。

（四）卓越的领导、卓越的企业文化凝聚卓越的人才

以上各种成功因素的背后，离不开卓越的企业创始人马克·贝尼奥夫，是他极具前瞻性的洞察力、强大的领导力以及管理能力，带领着赛富时得以克服一次次的挑战和困难，取得一次次的成功。在他的领导下，还营造出卓越的企业文化，赛富时多次在包括《财富》杂志在内的多种评选中，当选为最佳雇主、最希望投身的企业等，由此吸引和凝聚了大批卓越的人才不断把赛富时的事业做大做强。

四、估值

从前文“自由现金流”一节的阐述中，我们知道 2019 年赛富时的自由现金流达到了约 37 亿美元，而且在之前四年中保持着近 40%的年化复合增长率。在可预见的未来，相信其自由现金流的增长依旧会比较强劲，保守估计至少能达到 10%的年化复合增长率，2020 年有望达到 41 亿美元左右。对于这样业务仍处在高速发展的龙头 SaaS 软件企业，笔者觉得合理估值应在 30~50 倍自由现金流，那么对应的 2020 年合理市值在 1 230 亿~2 050亿美元。当然，再次强调，上述估值方法和结论具有很大的主观性，这里仅为读者提供一个参考。

顺便说下，市场往往给 SaaS 企业以较高的估值，很多没有盈利的 SaaS 企业也能享受 10~20 倍的市销率估值。这主要是因为 SaaS 企业具

有非常良好的商业模式，有着“很湿的雪和长长的坡”——毛利率高，边际成本低，具有规模效应，容易释放经营杠杆而提升净利率，用户获取能力强，重复消费性好，盈利确定性强，业务可拓展性强，随着自身的研发和并购，能够相对容易地打造一个又一个新增长曲线，使得TAM（Total Addressable Market），即可触达的市场空间不断增大等。

五、结语与讨论

SaaS通过采用订阅模式、在线提供服务，从而革命性地改变了传统软件企业的商业模式，获得了稳定可持续的盈利、高用户黏性、高业务扩展性和高向上价值弹性。随着5G时代的到来，云计算将会获得更强大、更广泛的支撑，作为云计算的重要应用，SaaS模式也会越来越流行。因此，赛富时在5G时代的成长空间有望进一步拓展，生意会越来越好，目前还看不到天花板。作为投资者，我们应该高度重视赛富时这一优质企业以及SaaS这一优质赛道。

第四章

网络效应

网络效应，就是用的人越多就越好用，而越好用就越多人用，具有正反馈、自我强化特征。相对于客户转换成本，网络效应除在企业的产品、服务与客户之间产生黏性外，还能在客户与客户之间建立起黏性，从而极大地增强了客户黏性，使得客户更加难以（无论情愿还是不情愿）转换到其他产品和服务上，把客户转换成本推到了极致。网络效应是一种极其强大的经济护城河，不过通常有形的产品或服务很难体现出网络效应，比如汽车玻璃，使用的人越多，也不一定就会更好用，二者没有必然关系。再比如机场，如果超过了流量上限，使用的人越多，体验会越差。相对地，互联网产品，特别是以信息共享或联系用户为基础业务的互联网产品，更容易产生网络效应，实现自我强化，甚至可能最终导致赢家通吃，形成自然垄断。随着互联网时代，特别是移动互联网时代的到来，人们之间的联系变得前所未有的便捷和广泛，互联网产品和服务在人们的生活和工作中扮演着越来越重要的角色，发挥着越来越重要的作用，互联网经济在整个经济中的比重也越来越大，其间诞生了很多好企业。因此，互联网行业值得投资者高度关注和深度挖掘。

第一节　拼多多——异军突起的社交电商新势力

拼多多是一家非常年轻的互联网企业，从 2015 年 9 月产品上线至今，不过五年时间。在产品上线仅两年零 11 个月的时候，即 2018 年 7 月 26 日就成功登陆美国纳斯达克。上市两年多来，股价波动较大，目前市值超千亿美元，排名跃居中国互联网上市企业的前几名（见图 4-1）。

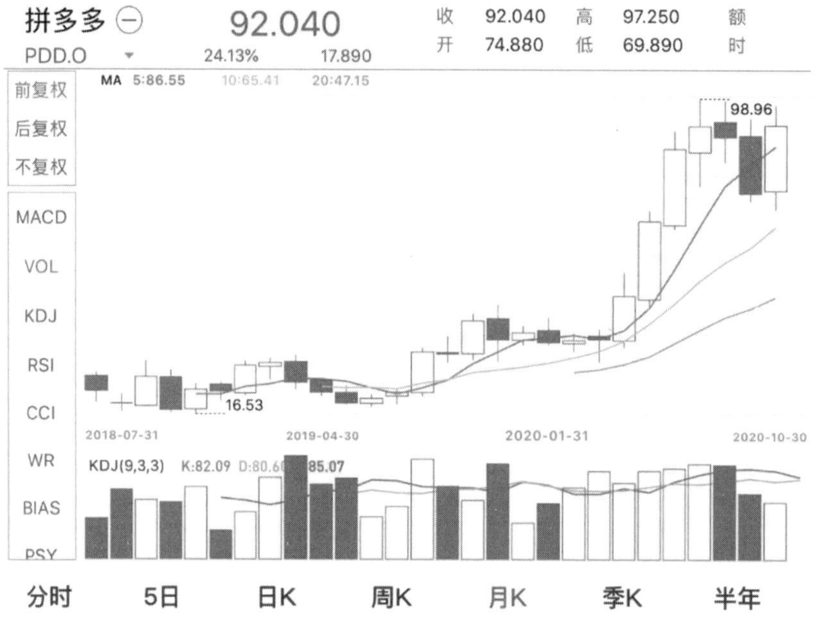

图 4-1　拼多多的历史股价走势图

资料来源：万得股票。

实际上，成立时间这么短的企业一般不在我们的关注范围内，我们主要关注的是那些具有较长可考察历史的上市企业。但是，拼多多独特的商业模式，能在阿里巴巴、京东等电商巨头的夹缝中异军突起，实在是很值得探讨和与读者分享的。此外，笔者还想通过对拼多多的分析，来展示我们在本书中所提供的对一家好企业定义的分析模型，不仅适用于从“后视镜”中筛选出好企业，还可以用来发现和预测未来的好企业。现在让我们一步步展开分析。

一、发展历程

中国的电子商务自 20 世纪 90 年代开始萌芽，并随着互联网的普及而迅速发展。2003 年淘宝成立，2004 年京东全面进入电商领域，传统零售巨头苏宁、国美也纷纷进行业务的数字化改造，从线下拓展到线上，参与到电商的竞争中。还有垂直电商如唯品会、聚美优品也在细分领域各自深耕细作。电商的市场空间虽然极为广阔，但由于互联网拓展的边际成本极低，网络效应极强，因此越来越体现出赢家通吃的特点。阿里巴巴一骑绝尘，遥遥领先，市值逾 8 000 亿美元，是第二名京东、第三名拼多多体量的七倍左右，其余垂直电商的体量也仅在百亿美元。伴随着互联网人口红利逐渐用尽，流量也变得越来越贵，强者越强的马太效应体现得越来越明显，在这种背景下，拼多多竟然在短短几年内另辟蹊径，迅速崛起，仅用时两年多，平台成交金额（Gross Merchandise Volume，GMV）便突破了千亿元大关，相对而言，淘宝用时 5 年，而京东用时 15 年。拼多多在美股上市时引起了大众和媒体的广泛关注，现在已经成长为市值高达 1100 多亿美元、令电商巨头们不可忽视的新势力了。

拼多多是一种拼团模式的社交电商平台：一方面，买家可以通过发起或参与和家人、朋友、同事乃至陌生人等的拼团，以优惠的“团购”价格购买商品。具体讲，当买家发现自己心仪的商品后，可以发起拼单，或者通过他人分享、平台推送发现有合适的商品征集拼单，参与拼单。当然，也可以单独购买，但价格通常会比拼团价高。另一方面，平台通过迅速聚合的大量需求，反向推动供给侧的商家进行有针对性的规模化生产。

拼多多属于平台型电商，盈利主要来自给商家提供在线营销服务以及与交易额相关的一定比例的佣金，在线营销服务是指商家对与广告展示位相匹配的关键字出价，此类展示位和价格通过在线竞价系统确定，而佣金则按商家所售商品价值的 0.6% 收取，其中在线营销服务收费占其总营收的近九成。拼多多设计了很多购物“玩法”，普遍包含邀请或分享的环节，做到了对微信用户数量和用户社交关系的深度挖掘，大大降低了获客成本，使用户数量得以在短时间内实现指数级增长，营收也随之快速增长。截至 2020 年第二季度，拼多多的年度活跃买家达 6.83 亿，超越京东的 4.17 亿，紧追阿里巴巴的 7.42 亿，成为国内年度活跃买家第二多的电商。成立才几年的拼多多，目前市值和京东在伯仲之间，名次不时变化。可以说，除了阿里巴巴一家独大外，拼多多和京东一起构成了中国电商的第二梯队。

二、企业特征

下面我们来进一步分析拼多多这家企业。

（一）毛利率

拼多多成立的时间不长，公开上市的时间更短，我们从其 2017—2019 年的毛利率指标（见表 4-1）可知，其是远大于我们关于好企业至少 30%以上毛利率的要求的。这么高的毛利率和拼多多作为平台型电商的经营模式是相符的。

表 4-1　2017—2019 年拼多多的毛利率情况

	2017 年	2018 年	2019 年
毛利率（%）	59	78	79

资料来源：公司年报。

（二）净资产收益率（ROE）

拼多多是初创企业，正处于高速发展时期，这一阶段不以短期盈利为目的，而是要获取更多用户，提升用户体验，打造企业的长期竞争优势，因此在市场营销、产品研发方面投入巨大。这是对企业长期利益的投资，这一战略选择在财务指标上体现为净利润为负，即亏损，从而其净资产收益率一项为负值。按照我们对好企业的定义，净资产收益率至少要大于 15%，静态地看这个指标，拼多多目前显然是不符合标准的。

动态地看，我们预计将来拼多多会从高速发展的初创期过渡到稳定发展的成熟期，那时其对研发和市场营销的投入比例会逐渐降低，从而获得财务指标意义上的盈利，净资产收益率也会超过15%的。

实际上，全球电商巨头亚马逊的发展历程正是不以短期账面盈利为目的、关注构建长期竞争优势的经典范例，其不断把赚来的钱再投入到新产品新技术研发、市场营销拓展、仓储物流等领域，不断打造卓越的用户体验，构建自己的经济护城河，其净利润曾长期为负值。但是，随着亚马逊逐渐从初创期向成熟期过渡，自2015年起，其财务净利润指标已经转正，净资产收益率也因此由负转正，并逐渐提高，2018年起已经超过了15%（见图4-2）。我们预测，尽管拼多多和亚马逊有很多不同，但是其极大概率也会走出类似的发展路径。

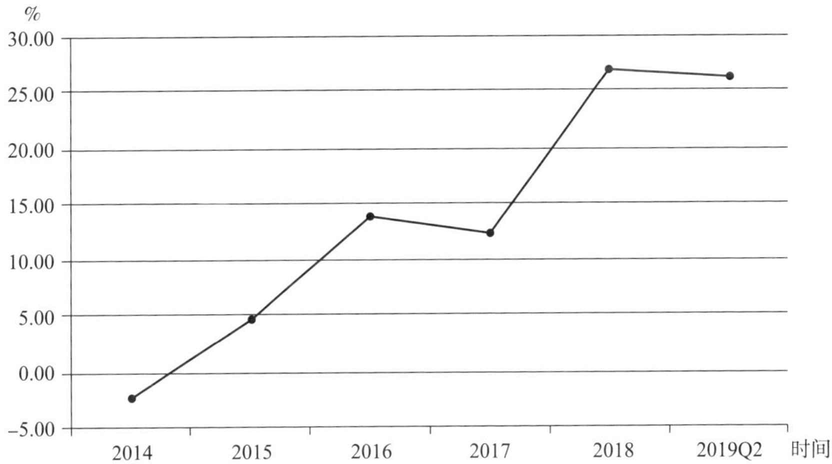

图4-2　2014年至2019年第二季度亚马逊的净资产收益率情况

资料来源：http：//www. macrotrends. net.

（三）自由现金流

为了简便起见，我们直接引用数据，2017—2019年拼多多的自由现金流情况见表4-2。

表 4-2　2017—2019 年拼多多的自由现金流情况

	2017 年	2018 年	2019 年
自由现金流（亿美元）	0.49	11.26	21.25

资料来源：http：//www. macrotrends. net.

从表 4-2 可知，拼多多的自由现金流增长十分强劲，从 2017 年的 4 900 万美元迅猛增加到 2019 年的 21.25 亿美元。很多人看到拼多多账面亏损却仍有千亿美元市值，就大呼泡沫。其实如果仔细看拼多多的财务报表，就会知道其账面利润亏损的主要原因是高昂的销售和市场费用，而现金流其实很强劲。不过对于高昂的销售和市场费用，观点分歧也很大。一种观点认为，拼多多完全是靠烧钱造出的一个营销泡沫，一旦没钱继续烧，这个泡沫就会破灭。另一种观点则认为，拼多多目前正处于高速成长的初期，这一阶段不应该太关注净利润，而是要大力进行市场营销投入，快速抢占市场，扩大知名度，获取用户，留住客户。笔者也认同后一种观点。等拼多多逐渐从成长期过渡到稳定发展期时，市场营销费用的比例会逐渐下降，相应地，其净利润指标也会逐渐好转，而且其在未来还有巨大的增长空间。

（四）重复消费性

前文说过，拼多多属于平台型电商，盈利主要来自给商家提供的在线营销服务以及与交易额相关的一定比例的佣金。不难想象，只要拼多多平台能够持续吸引几亿活跃用户，那么其对商家的吸引力也会是持续的，其从商家获得的在线营销服务费用和交易佣金也会不断重复产生。

（五）定价权

拼多多作为电商平台，为千千万万的商家提供在线营销服务和商品交易服务，面对这些分散的商家，作为拥有几亿买家的平台，拼多多显然是相对强势的一方，其服务是有一定的定价权的。不过，拼多多的定价权也受到其他平台的制约，比如阿里巴巴、京东等。

（六）经济护城河

拼多多的商业模式具有明显的网络效应，即用的人越多就越好用，而越好用就越多人用，具有正反馈、自我强化的特征。如图 4-3 所示，它通过拼团方式，短时间内聚集起大量买家对某种商品的集中购物需求，使商家可以有针对性地集中生产和交付，有效降低生产、交付的成本，节省的成本又可以让利于买家，而买家获得“占到便宜”“像玩游戏一般有趣”等良好的购物体验又会激励其不断继续这种拼团行为。买家向自己的亲朋好友发出的拼团邀请更容易获得响应，从而让买家主动地帮助拼多多在品牌、知名度上获得社交裂变的传播效果，大幅降低了其新客获取成本。此外，拼多多还通过大数据技术，对用户的购买习惯进行分析，将某一商品主动推荐给最有可能购买的用户，引导这些用户进行拼团，使营销效果更明显，帮助商家销售出更多商品，这样不仅能保持平台对老商家的吸引力，而且还会吸引新商家加入。老商家持续经营，

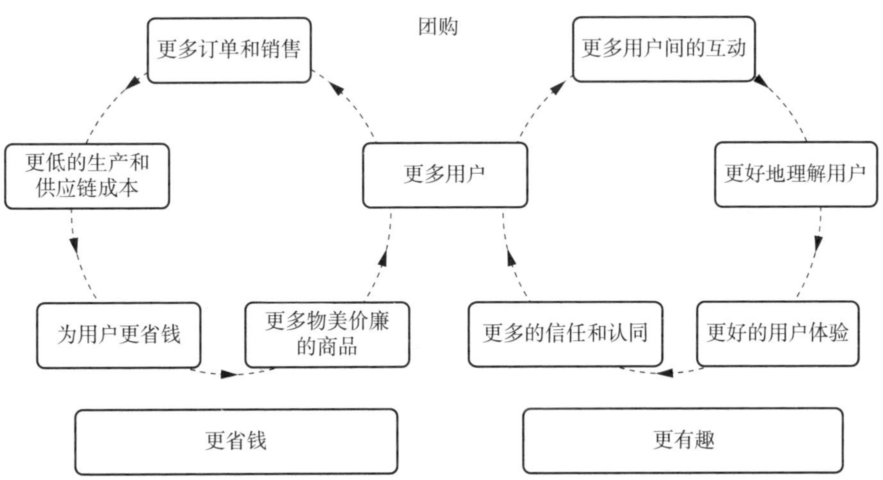

图 4-3　拼多多的商业模式

资料来源：公司年报。

新商家不断加入，这样拼多多平台可提供的商品种类就会越来越丰富、服务水平就会不断提高，进一步又可以给用户提供更好的购物体验。

毫无疑问，拼多多具有明显的网络效应经济护城河。

三、成功因素

（一）处于电商这个好赛道

拼多多在成立短短几年之内就拥有了几亿用户，营业收入过百亿元，市值过千亿元，取得了巨大的成功，这固然由很多因素决定，但首要因素是拼多多处在电商这个好赛道。

（1）电商行业市场空间巨大。

根据国家统计局的数据：2019 年，社会消费品零售总额为 411 649 亿元，同比增长 8%。2019 年，全国网上零售额为 106 324 亿元，同比增长 16.5%。其中，实物商品网上零售额为 85 239 亿元，同比增长 19.5%，占社会消费品零售总额的比重为 20.7%；在实物商品网上零售额中，吃、穿、用三类商品分别增长 30.9%、15.4%和 19.8%。

这个市场规模巨大，而且还在增长中。目前电商零售占比仅为 20%左右，这个占比还会不断增长，空间还很大。可见，中国的电商行业是能够孕育、成长和容纳巨头企业的。目前中国前五位的互联网上市公司分别是阿里巴巴、腾讯、美团、京东和拼多多，其中有三家处在电商行业，这绝不是偶然的。当前阶段，这些电商巨头主要是抢占传统零售商的市场份额，都有所增长，还没有发展到此消彼长的阶段。

（2）电商行业所满足的用户需求具有高频性和永续性，电商用户终生能够贡献的价值非常大。

（3）电商离交易最近，用户变现效率极高。互联网企业离交易越近，用户的变现效率就越高，企业的价值也就越大。比如同样是拥有几亿用户的微博，由于其离交易环节太远且不直接，用户变现效率很低，其市值远远不如阿里巴巴、京东、拼多多等电商企业。

（4）电商一旦形成规模就容易体现出很强的网络效应，即越多人用越好用，越好用就越多人用，从而构建出企业的护城河。

（5）电商不仅能够满足人们的物质需求，而且还可以满足人们的精神需求，因此对用户形成极大的吸引力，而这一点往往被人们忽视。马云告诉我们，大约有 1 700 万人每天晚上都会浏览天猫、淘宝，但是啥都不买，就是闲逛。可见，这些人通过逛淘宝，精神诉求也得到了很大程度上的满足。

（二）独特的以人为逻辑的商业模式

尽管电商行业市场空间广阔，但是竞争也格外激烈，拼多多能从激烈的竞争中脱颖而出，得益于其以人为逻辑、独特高效的商业模式。

早在 2018 年 4 月拼多多上市前，创始人黄铮在接受《财经》专访时曾提道："拼多多并不是简单的流量×转化率＝平台成交金额（GMV）的电商生意。拼多多的拼团不是一个简单的创造平台成交金额的逻辑，拼多多是人的逻辑。我们通过拼团了解人，通过人推荐物，后期会过渡到机器推荐物。拼多多 App 里几乎没有搜索，也不设购物车，可以想象把今日头条下的信息流换成商品流就是拼多多。"传统电商的逻辑是人通过搜索去找商品，这是流量逻辑，所以需要海量的库存保有单位（SKU）来满足长尾需求；而拼多多代表的是匹配，推荐商品给消费者，库存保有单位有限，但要满足结构性丰富的要求。

拼多多以人为逻辑的商业模式具体体现在以下方面：

（1）拼多多降低了商品抵达用户的门槛。

通过精心的产品设计——轻量化简单易用的 App、货找人为主的商品流推送、对多种支付方式的支持，等等，使下载和使用拼多多 App 购物变得简单方便，让很多从未在网上购物的用户都成了拼多多的用户。

拼多多通过海量流量导入有限的低价爆款商品，通过社交关系推荐商品，极大地激发了用户的潜在需求，加速了用户的消费决策过程，甚至导致冲动消费。

（2）拼多多为购物方式增添了更多的娱乐性，更好地满足了人们除基本物质需求之外的精神需求。

如前文所述，电商不仅能够满足人们的物质需求，还能满足精神需求。特别是在满足了基本的物质需求之后，人们对精神层面的需求越来越多。拼多多通过低价爆款商品满足了人们“占到便宜”的心理，通过给购物过程注入许多娱乐性的玩法，带给人们更多的消费愉悦感，增加了拼多多平台的黏性。

（3）拼多多通过社交化的拼团玩法，让用户在不经意间也扮演起免费推销员的角色。

拼多多的用户不仅是消费者，而且在不知不觉中成了拼多多平台的免费推销员，在发给亲朋好友的拼团邀请中，加入了自己信誉的背书，使拼多多的品牌和知名度得以以极低的成本、极高的速度传播。

（三）价格相对便宜

赛道很宽广，营销手段也很有效，这些因素都很好，但还不够。电商企业要想取得成功，必须要在“多”“快”“好”“省”这几个方面具有足够的竞争优势。目前，拼多多突出的竞争优势在于“省”，即比其他电商平台同类商品的出售价格普遍要低一些。那么，拼多多是如何做到这点的呢？首先，拼多多采用拼团的方式在短时间内将大量需求集中，形成规模订单，从而降低供应链成本，使商家有可能做到薄利多销。其次，拼多多甚至更进一步，通过C2M（Customer-to-Manufactory，即从消费者到工厂）的模式扶持“农产品产地品牌”和“工厂制造品牌”，从而对供应链进行改造，缩短供应链环节，在保障质量的同时降低成本。

最后，就是拼多多通过对商品的直接补贴，让利给用户。

在以上三种方式中，第一种拼团的方式是可持续的，其他电商平台虽然可以仿效，但会和自己现有的销售模式、内部资源投放、流量分配等产生冲突，因此很难战胜拼多多。第二种 C2M 方式是需要拼多多耗费大量时间和金钱的，不过一旦建成了，这些农户或工厂是很难保持对拼多多平台的忠诚的，其完全可以去其他电商平台售卖，因此通过这种方式建立的低价优势不大可能长期持续。第三种直接补贴的方式更是无法长期持续，尽管在初期、短期内是个很好的获新留新的方式。

长期看，在价格方面，如果拼多多确实如其所说的往美国好市多（Costco）的方向上走，那么不追求商品种类的海量丰富，只是覆盖人们生活中最常用的品种，每种仅提供相对少量但质优的商品，由于采购量大，有规模效应，供应链的成本是相对更低的，从而最终给拼多多用户提供更优惠的价格，这是美国好市多（Costco）和德国阿迪（Aldi）等超市都已经实现了、证明可行的模式，这种价格优势的保持是具备可持续性的。此外，拼多多实际上并不一定需要所有的商品都比别家便宜，只要在用户的心智中建立起质优价廉的印象，那么只要价格做到不比别家贵，那么用户，特别是老用户因时间成本、精力成本、购物习惯和更好的购物体验等因素就不会再去别的电商平台比价下单了。

四、估值

我们认为企业的价值等于企业未来现金流的折现，因此对于企业估值唯一正确的方法是现金流折现法。如前所述，现金流折现法主要体现的是一种估值的指导思想，在实践中往往很难直接应用，特别是对于拼多多这种还处于发展初期的企业，要“准确”地估算出其未来生命周期内所产生的现金流是不可能的事，难道我们就没有别的方法来毛估拼多多的价值了吗？在这里，为大家提供一种估值思路，从企业的形态和模式上看，与拼多多最有可比性的要数阿里巴巴的淘宝了，因此我们可以参考阿里巴巴的价值来评估拼多多。

截至 2020 年第二季度，阿里巴巴 TTM 年活跃用户数为 7.42 亿，拼多多为 6.83 亿，2019 年人均成交金额分别为 8 055 元和 1 721 元，而市值分别为 8 232 亿美元和 1 075 亿美元（见表 4-3）。

表 4-3 阿里巴巴与拼多多相关数据对比

	截至 2020 年第二季度 TTM 年活跃用户数（亿）	2019 年活跃用户数（亿）	2019 年平台成交金额（亿元）	2019 年人均成交金额（元）	市值（亿美元）2020 年 10 月 30 日
阿里巴巴	7.42	7.11	57 270	8 055	8 232
拼多多	6.83	5.85	10 066	1 721	1 075

资料来源：公司年报。

保守地讲，三年内拼多多的年活跃人数至少能达到 8 亿，接近阿里巴巴的年活跃人数，而人均成交金额能达到 4 000 元，即阿里巴巴当前的一半，考虑到阿里巴巴有阿里云等股权投资，那么拼多多三年后达到阿里巴巴当前市值的 1/4，也就是 2 000 亿美元，是大概率能实现的。

必须承认，上述估值确实有很大的主观性，但是并不离谱，在留足安全边际的前提下做这样的毛估是可以的。拼多多用户的年均花费一直在上升，2018 年是 1 127 元，2019 年已经达到了 1 721 元，截至 2020 年第二季度的年均花费进一步增长到 1 857 元，管理层还表示，老客户的年均花费已逾 2 000 元，一线城市用户已逾 5 000 元。

虽然，目前拼多多用户的人均消费金额与阿里巴巴用户的人均消费金额相差还较大，但这除了拼多多用户更多来自三四线城市和农村等地区的原因外，还有个很重要的原因，就是拼多多发展速度极快，不断获取大量新客，这些新客初来拼多多大多会从小额购买开始尝试，因此拉低人均花费是必然的。随着用户的体验增强、信任感增加、收入增加、生活水平提高，消费水平的提高也是必然的。相信拼多多用户和阿里巴巴用户的人均花费金额差距会随着时间推移而逐渐缩小的。阿里巴巴的首席财务官武卫曾在2019年投资者日活动上说过这样一段话："从消费习惯上来讲，用户使用时间越久，年均花费越高，因此不必对下沉市场用户消费潜力太过担心；从下沉市场在淘宝的消费行为数据来看，使用1年的用户年均消费金额为2 300元，使用3年的年均花费增长至6 700元，使用5年的年均花费增长至10 600元。"因此，预计三年后拼多多用户的年均花费能达到4 000元左右。

此外，那种认为拼多多停掉补贴新客就会立刻流失的想法完全是凭空想象的，是不懂商业实质的。如果在拼多多的购物体验好、货物性价比高，那么用户一定会持续在拼多多上下单的。

五、结语与讨论

电商是个很好的赛道，能让几个巨头并存，市场潜力仍然巨大，电商平台的企业值得我们投资者长期关注。拼多多通过独特的商业模式，为几亿用户提供了差异化的购物体验，取得了巨大的成功。拼多多还处于早期成长阶段，在一个巨大的增量市场中，未来发展还有很大的可能性和空间，目前1 000多亿美元的市值仍然具备很好的长期投资价值。

第二节 腾讯控股——网尽天下中国人

腾讯控股于2004年6月16日在香港联合交易所主板上市，发行价为每股3.7港元，对应的市盈率不超过14倍。以发行价计算，腾讯控股上市时总市值约 64.5 亿港元（完成超额认购后）。截至 2020 年 10 月，腾讯控股市值已逾 5 万亿港元。粗略统计，上市 16 年来其股价上涨了 770 余倍，年化增幅超 50%，实在是惊人！这意味着，2004 年 6 月上市时投资者只要买入 13 万元的腾讯控股股票，如今身家就能达到 1 亿元的小目标了。如此惊人的涨幅，自然会孕育出投资的传奇故事，其中最著名的是两家投资机构，一个是南非的 MIH 集团，另一个是高瓴资本。

南非的 MIH 集团于 2001—2002 年互联网产业最低迷时，先后从李泽楷的电讯盈科、IDG 和腾讯的主要创始人处以 3 200 万美元的代价购得腾讯 45.5%的股权，成为其最大的单一股东。时至今日，腾讯控股 2020 年的中报显示，MIH 仍持有 30.99%的股份，远高于第二大股东马化腾 8.42%的股份。按照目前 5 万亿港元的市值计算，MIH 持有的股份达到了 1.55 万亿港元，相当于 2 015 亿美元。MIH 持有腾讯控股股份的这些年，仅在 2018 年减持过一次 2%的股份，套现了约 98 亿美元的现金。因此，如果加上这已经套现的 98 亿美元，MIH 持有的股份市值达到了2 113 亿美元，相比当初 3 200 万美元的本金，这笔投资 19 年上涨了 6 600 倍，创造了投资的真实神话。

现在鼎鼎大名的高瓴资本，其创始人张磊在 2005 年创业伊始就把恩师耶鲁大学基金经理大卫·史文森所给的 3 000 万美元启动资金几乎全仓投到当初市值不足 20 亿美元的腾讯控股。这些年下来，虽然当初的投资早已分批兑现，但也获取了极高的投资收益。

相信腾讯控股的涨幅在世界各国的股市中都会排在前列，对于这样的历史顶级大牛股，实在是很有必要进行研究和分析，以期能从中获得启示。

在本节中，我们将继续沿用本书中介绍的一系列关于好企业的标准来分析腾讯控股，将会揭示出腾讯控股经营的是一门极好的生意，其关键性财务指标以及商业模式都高标准地符合我们对好企业的定义。

腾讯控股的历史股价走势如图 4-4 所示。

图 4-4　腾讯控股的历史股价走势图

资料来源：万得股票。

一、发展历程

1998 年 11 月，马化腾联合张志东、许晨晔、曾李青、陈一丹共同创立了腾讯控股的前身——深圳市腾讯计算机系统有限公司。次年 2 月，模仿当年国际上流行的即时通信软件“ICQ”的“QICQ”（2000 年更名为 QQ）问世。马化腾把 QQ 放到互联网上供用户免费使用，不到一年就发展了 500 万用户。但是，QQ 的大量下载和暴增的用户量却成了企业的“包袱”，对于这家“缺钱”的初创企业来说，别说更新设备，就连一两千元的服务器托管费也是巨大的压力。起初，马化腾试着从银行寻求贷款，但对方对于 QQ 的估值非常不认可。紧接着，马化腾等人又寻求以 300 万元的价格卖掉 QQ 和腾讯，但是，谈判最终没有达成。多年后，马化腾回忆起这段岁月，还是很有感触地表示：“谈判卖腾讯的时候，我的心情非常复杂和沮丧，一连谈了4家，都没有达到我们预计的底线。”好在不久后，企业终于迎来转机，拿到了风险投资。到2000年上半年，腾讯第一期融资后，创始员工占据60%的股份，IDG和电讯盈科各出110万美元，各占20%的股份。腾讯拿到这笔钱后很快就改善了服务器和带宽等硬件设施，同时加大了对QQ软件的开发和改进，QQ很快拉开了与其他同类产品的差距。

2001年，已积累千万QQ用户但缺乏变现途径的腾讯绝处逢生，迎来了绝好的发展契机。彼时，中国移动推出了“移动梦网计划”，吸引了包括腾讯在内的互联网服务提供商的加盟。得益于“移动梦网”构筑的手机上网平台，QQ的应用场景从PC端走向了移动端，并且通过与运营商分成的电信增值服务业务赚得了“第一桶金”。2004年，QQ活跃用户达到1.35亿，全年营业收入11.4亿元，其中电信增值服务收入为6.4亿元，是腾讯当时第一大业务和“现金牛”，也奠定了腾讯上市的基础。那时的QQ垄断了即时通信类增值服务的利润，高峰期甚至占据了WAP数据流量的70%，并抑制了电信运营商传统短信业务的生存空间。2004年10月，中国移动要求将“移动梦网”业务的分成比例从15%提升至50%。2005年，中国移动改变分成政策导致腾讯控股的电信增值服务收入同比下降19%，但互联网增值服务收入同比增长79%，占比提升至60%。

2006年，腾讯控股宣布将终止与中国移动包括梦网项目在内的一系列合作。同时，伴随着移动通信技术、手机性能的快速发展，腾讯控股开始利用免费的手机QQ软件逐步替代收费的移动QQ增值服务。互联网增值服务收入同比增长132%，彻底摆脱了对中国移动的依赖。

2010年，腾讯控股和奇虎360之间爆发了让用户“二选一”的“3Q”大战，这成为腾讯控股“封闭”与“开放”战略的分水岭。在经历了一场自上而下的彻底反思后，腾讯控股打开了大门，走向了与合作伙伴共赢的开放之路。

2011 年 1 月 21 日，微信推出。2011 年末，QQ 月活跃用户数达到 7.2 亿，较 2005 年增长 257%，年复合增速达到 23.6%。

2012 年是中国互联网行业的分水岭，移动端用户总时长首次超过 PC 端，标志着移动互联网时代的全面来临。尽管新浪微博在微博大战中胜出，并短暂切入腾讯控股独占的在线社交领域，但微信的飞速崛起让腾讯控股拿到了移动互联网时代的第一张船票。2012 年 3 月，在经历了 433 天后微信用户突破 1 亿；2012 年 9 月 17 日，微信用户破 2 亿。不到两年的时间，微信已经成为中国最成功的移动互联网产品，也成为腾讯控股在移动端的大本营。

2011 年，腾讯控股进入电商业务，希望凭借庞大的用户基数和便捷的支付方式推动电商业务快速发展，并在 2012 年的架构调整中将电商列为一个独立分部。但是，腾讯控股的电商业务发展并不顺利，毛利率仅 5%~6%，收入占比在 2013 年达到 16%，却不能贡献多少利润。

2014 年 3 月，腾讯控股与京东建立了战略合作关系，并将电商相关业务与京东进行了合并。2015 年，腾讯控股彻底退出电商业务。

自 2015 年起，腾讯控股以支付为核心的金融科技业务占比不断提升，来自网络游戏的营收占比则持续下降，泛娱乐、网络广告业务维持稳健增长。

2018 年微信用户数已达 11 亿，意味着移动互联网的用户红利进入尾声。自 2018 年 3 月开始，网络游戏监管力度加强，重磅游戏《绝地求生：刺激战场》无法货币化，《天天德州》《怪物猎人：世界》被直接下架。2018 年，腾讯控股的网络游戏业务营收同比仅增长 6%。另外，在抖音与快手的引领下，短视频异军突起，迅速侵占用户的时长。与之相对的，腾讯控股早于 2013 年便推出了短视频创作与分享平台微视，但很快被边缘化。在这种背景下，企业启动了新的组织架构调整，提出了扎根消费互联网、拥抱产业互联网的战略。在 C 端，腾讯控股有微信和 QQ 两大社交平台，可以触达 10 亿用户，也有长期积累下来的用户数据和运营经验。腾讯控股把 C 端的能力与经验输出给合作伙伴，并提供公众号、小程序、支付、企业微信等连接器，把消费者和产业对接起来，让企业更好地服务用户，提升供需匹配效率，最终实现 C2B2C 的闭环，创造巨大的社会和产业价值。

当前，腾讯控股的主营业务由增值业务、在线广告以及金融科技和企业服务三大块构成，其中增值业务又可分为社交网络和在线游戏两大模块。具体见图 4-5。

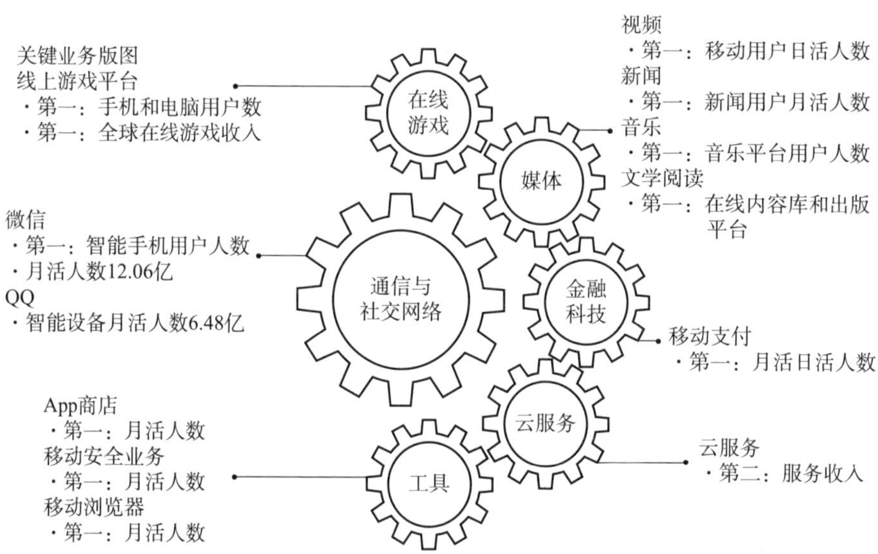

图 4-5 腾讯控股关键业务版图

资料来源：公司 2020 年中报。

社交网络业务主要涵盖数字内容服务，诸如游戏直播、体育直播、音乐、视频、在线文学、游戏虚拟道具销售以及 QQ 特权服务等。在线游戏包括手机移动端和 PC 端的游戏。社交网络业务最近几年发展相对平稳，在整个业务的营收占比中保持稳定，已过渡到稳定增长阶段，战略目标从争夺用户转至寻求盈利。腾讯游戏成立于 2003 年，是全球领先的游戏开发、运营和发行平台，也拥有中国最大的网络游戏社区。目前，腾讯游戏旗下拥有超过 140 款自研和代理游戏，为全球 200 多个国家和地区数以亿计的用户提供跨终端的互动娱乐体验。2019 年，腾讯游戏实现营业收入 1 149 亿元，远超全球市场规模第二的网易游戏（464 亿元）。在线游戏业务中，移动端游戏业务发展较快，而 PC 端游戏业务则有所下滑。从 2020 年的中报数据看，由社交网络和在线游戏业务所构成的增值业务依然是腾讯控股收入的主要来源，占其总营收的 57%。

在线广告业务主要包括媒体广告和社交广告。媒体广告涵盖腾讯新闻、视频、音乐等应用，社交广告涵盖具有社交属性的应用，如 QQ、微信朋友圈、公众号、小程序等，其中社交广告占整个在线广告业务的比例在 2020 年第二季度达到了 82.3%，是绝对的大头，而整个在线广告业务占腾讯控股总营收的比例为 16%。腾讯控股的在线广告业务，特别是涵盖微信朋友圈、小程序等应用的社交广告业务，增长潜力仍然十分巨大。

金融科技业务主要包括微信支付、QQ 钱包、理财通、微粒贷、微保等，而企业服务业务主要包括腾讯云、企业微信等。金融科技及企业服务业务营收是腾讯控股近年来增幅最大的板块，截至 2020 年第二季度末，营收占比已经达到 26%。腾讯控股以微信为支点，在金融科技板块衍生出了支付、贷款和理财三大业务，其市场空间巨大，有望引领企业下一个十年。

腾讯控股各业务模块收入情况见图 4-6。

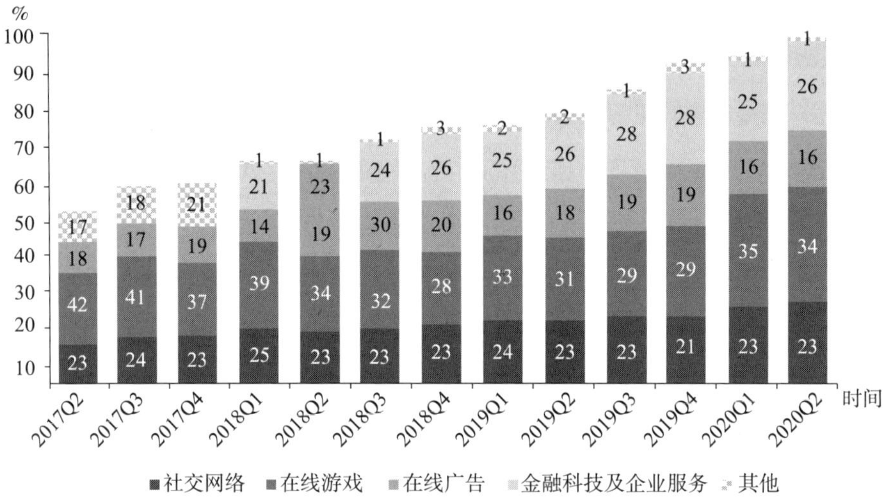

图 4-6　腾讯控股各业务模块收入占比

注：各业务模块收入以 10 亿元人民币计。

资料来源：公司 2020 年中报。

二、企业特征

在简要了解了腾讯控股的历史和现状后，我们来检验一下这家企业是不是我们眼中的好企业。

（一）毛利率

2015—2019 年腾讯控股的毛利率见表 4-4。

表 4-4　2015—2019 年腾讯控股的毛利率情况

	2015 年	2016 年	2017 年	2018 年	2019 年
毛利率（%）	59.53	55.61	49.18	45.45	44.40

资料来源：公司年报。

从表 4-4 可知，腾讯控股的毛利率多年来均高于 30%，但却呈现连年下滑的趋势，从 2015 年的 59.53%下降到 2019 年的 44.40%。这到底是怎么回事？原来，在 2015 年、2016 年，企业的收入主要来自高毛利的增值业务和网络广告业务，二者收入之和分别占2015年、2016年总收入的95%和88%。到了2019年，这两块业务收入占总收入的比重下降到了71%。与此同时，仅有27%左右低毛利率的金融科技业务收入增长势头强劲，收入占比连年增高，于2019年达到了26.85%，从而逐年拉低了腾讯控股总体的毛利率水平。金融科技业务虽然毛利率相对增值业务和网络广告业务较低，但这块业务的增长空间巨大，目前还处于加大投入、高速成长的阶段，因此毛利率相对较低。日后随着业务逐渐成熟，规模效应越来越显著，相信其毛利率也会随之上升。

因此，腾讯控股2015—2019年五年毛利率连年下滑是成长的必要代价，而不是企业竞争力下降的信号。

（二）净资产收益率（ROE）

2015—2019年腾讯控股的净资产收益率见表4-5。

表4-5　2015—2019年腾讯控股的净资产收益率情况

	2015年	2016年	2017年	2018年	2019年
净资产收益率（%）	27.00	26.01	25.43	23.95	21.80

资料来源：公司年报。

从表4-5可知，腾讯控股的净资产收益率多年来均超过了我们对好企业的净资产收益率不低于15%的标准。不过，同毛利率一样，腾讯控股的净资产收益率也是逐年下滑，这是因为自2015年以来，腾讯控股的净利润增速不及净资产的增速。腾讯控股的净资产高速增长源自其持续的投资策略。据统计，2006年至2019年11月，腾讯控股投资企业总计超过825家，其中70多家已上市，160多家为市值或估值超10亿美元的独角兽企业。2018年腾讯控股每月投资14.8家公司，2019年每月投资9.5家，截至2019年12月31日，腾讯控股的投资组合约达4 395.51亿元（2018年3 691.86亿元）。这些投资的回报率不及企业自身主营业务的净资产收益率，因此拉低了整体净资产收益率。有观点对此诟病说，腾讯控股的对外投资是高成本、低回报的，还不如聚焦自身的主营业务。其实，腾讯控股的投资主要还是围绕其主营业务布局的。短期及账面上的回报是一回事，长期回报以及战略上的意义则是另一回事。因此，尽管腾讯控股的净资产收益率这些年受到大量对外投资的“拖累”而连年下滑，但我们相信从长期、整体、战略上看，对外投资能大大帮助其巩固和拓展竞争优势，其净资产收益率的下滑趋势也会放缓、波动，甚至反转，总之会高于15%的。

依据表4-6进一步考察，是否高净资产收益率是来自高的财务杠杆，即高资产负债率呢？

表4-6　2015—2019年腾讯控股的负债情况

	2015年	2016年	2017年	2018年	2019年
负债总额（百万元）	184 718	209 652	277 579	367 314	465 162
资产总额（百万元）	306 818	395 899	554 672	723 521	953 986
资产负债率（%）	60.20	52.96	50.04	50.77	48.76

资料来源：公司年报。

由表4-6可知，2015—2019年，腾讯控股的资产负债率不算很低，但也不算很高，而且有连年下降的趋势。对于一个“轻资产”、赚钱能力极强的互联网企业，为何会有这么多的负债呢？就拿2019年为例，2019年腾讯控股总资产9 540亿元，其中总负债4 652亿元，有息负债总额1 269.52亿元，其中短期借款226.95亿元，长期借款1 042.57亿元。企业高达1 269.52亿元的有息负债，偿债压力应该很大吧？通过进一步分析会发现，其实企业的偿债压力并不大。首先，从债务结构上来看，有息负债只占总负债的27%；而在有息负债中，长期借款占比约为82%，又占了绝对大头，其中甚至还有期限长达40年的债券。其次，从银行借款方式上看，企业长期负债1 042.57亿元的借款都属于无抵押信用借款，在短期负债226.95亿元中仅有2.01亿元的抵押借款。可见，企业在银行的放贷信用等级是非常高的。最后，从企业有息债务的利率上看，其美元银行借款利率在0.85%~1.45%；港元银行借款利率在1.5%左右；人民币借款利率相对较高，在3.6%~5.7%。由于占借款大头的是具有极低利率的美元+港元借款，因此总计相当于1 200多亿元的借款，利率仅为1.5%左右。

由此可见，腾讯控股的债务结构合理，年期组合平衡，债务利率极低，加之企业具有强劲的经营现金流，因此债务方面的风险很低。虽然腾讯控股的赚钱能力极强，但同时其也在积极地为未来的发展投资布局，比如将在未来五年内投入5 000亿元用于云计算、人工智能、区块链等新基建的布局，这些都需要耗费大量资金。利用自身良好的借贷信用，以极低的融资成本募集资金，不失为一个好的战略选择。

结论：腾讯控股的高净资产收益率部分来自高的净利率，部分来自一定的财务杠杆，但这种财务杠杆非常良性，风险很低。

最后，关于腾讯控股的债务值得一提的是财报中的递延收入。腾讯控股的递延收入主要是其游戏产品带来的，这是因为游戏是预付费的，也就是说用户需要先充值才能玩游戏、买装备。用户充值后企业就收到这笔钱了，但这笔钱根据会计准则还不能算作收入，只能计入预付款。那么用户在游戏里面的消费究竟什么时候能确认为账面收入呢？大多数企业会在3~6个月内确认销售收入。这些递延收入虽然账面计入的是负债，但都是良性负债，随着时间的推移会逐渐转化成利润。

（三）自由现金流

在计算腾讯控股的实际现金流时，从理论上讲，仍然应将其资本支出区分为保全性资本支出和扩张性资本支出，即实际自由现金流=经营现金流净额-保全性资本支出。但是，互联网公司的资本支出中很大比例是花费在无形资产上的，相对于有形资产而言，往往很难确认这些在无形资产上的支出到底算保全性资本支出还是扩张性资本支出。作为互联网巨头的腾讯控股，其拥有一个庞大而复杂的业务生态体系，很多资本支出更是难以区分是保全性的还是扩张性的。因此，为了简化起见，我们这里就直接采用腾讯控股在年报中对其自由现金流的定义，这不会影响我们得出的基本结论。

在腾讯控股2020年第一季度的财报中有如下声明：

自2020年起，自由现金流调整为：经营活动所得现金流量在减去所支付的资本开支的基础上，再减去所支付的媒体内容开支及租赁负债。

按照这个最新规定，我们将2015—2019年的自由现金流调整后，列在表4-7中。其中"租赁负债"一项在2019年年报中开始单独列出，在以往的年报中未做单独披露。

表4-7　2015—2019年腾讯控股的自由现金流情况

	2015年	2016年	2017年	2018年	2019年
1经营性现金流净额（亿元）	454.31	655.18	1 061.40	1 109.36	1 485.90
2资本开支（亿元）	77.09	121.00	135.85	239.41	323.69
3媒体内容的预付款项（亿元）	8.57	39.42	70.31	136.52	157.31
4租赁负债（亿元）	N/A	N/A	N/A	N/A	117.07
自由现金流（亿元）=1-2-3-4	368.65	494.76	855.24	733.43	887.83

资料来源：公司年报。

可以看到，腾讯控股的自由现金流十分充沛，并且增长强劲。如果把"租赁负债"这项不做扣除，则2019年的自由现金流将逾千亿元，达到1 004.9亿元！2015—2019年，腾讯控股的自由现金流年均复合增长率约为22%。从2020年中报数据看，仅2020年上半年，腾讯控股的自由现金流就达到了676.61亿元，而上年同期只有294亿元，同比增长130%。这么大的体量，还能有如此高的增速，实在令人惊叹。

接下来我们考察腾讯控股净利润的质量。第一章曾提道：**一个好的企业，应该能产生充沛的经营现金流，最好接近或超过净利润，**这说明利润大部分或全部是以现金方式实现的，成色足，质量高。以此为标准，我们看看腾讯控股净利润的成色如何？

表 4-8　2015—2019 年腾讯控股的净利润成色

	2015 年	2016 年	2017 年	2018 年	2019 年
经营活动产生的现金流量净额（亿元）	454. 31	655. 18	1 061. 40	1 109. 36	1 485. 90
扣非净利润（亿元）	324. 10	454. 20	651. 26	774. 69	943. 51
经营活动产生的现金流量净额与净利润比	1. 40	1. 44	1. 63	1. 43	1. 57

资料来源：公司年报。

由表 4-8 可知，2015—2019 年，腾讯控股的经营活动现金流净额一直大于其净利润，显示出其利润质量还是很高的。

（四）重复消费性

腾讯控股的主要产品无论是通信社交网络（微信、QQ）、游戏、在线广告，还是金融科技及企业服务等，无一不是拥有上亿甚至十几亿日活用户的，其重复消费性极强，这里不再赘言。

（五）定价权

腾讯控股增值业务的毛利率 2017—2020 年三年一直在 50%～60%高

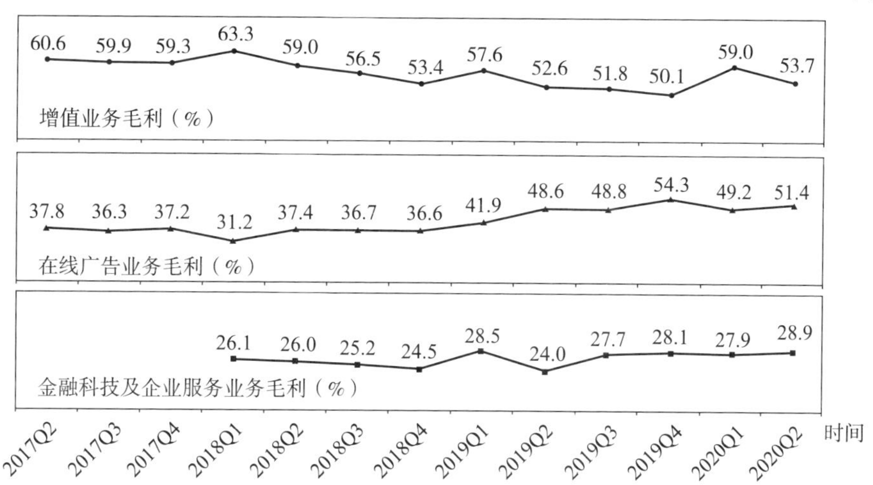

图 4-7　腾讯控股各业务板块的毛利率情况

资料来源：公司财报。

位波动，在线广告业务的毛利率节节攀升至50%左右（见图4-7）。高且稳定甚至还增长的毛利率，很好地反映了这两个业务板块具有相当的定价权。金融科技及企业服务这块业务的毛利率虽然还不足30%，但由于这是新的业务，正处于高速增长的投入期，高毛利率不是其发展目标，市占率才是。相信当这块业务成熟稳定后，其定价权会有所提高，其毛利率水平也会随之增高。

三、成功因素

从1998年几个人的小公司一路成长为市值逾6 000亿美元的世界级互联网巨头，腾讯控股的成功可谓传奇，其成功的因素总结起来，可能成百上千条都不止，其中最重要的三点如下：

（一）极其优秀的商业模式

腾讯控股的产品拥有极强的网络效应护城河，可满足人与人之间的通信，是人们最基础、最高频、最永恒、最普遍的互联网使用需求，用户规模的天花板很高，获取新用户的成本很低，速度很快，而用户自身的转换成本非常高，因此留存用户的成本非常低，极易形成一家独大的寡头垄断，腾讯控股的微信几乎覆盖了中国所有的互联网用户。获客成本低，留存成本低，用户规模大，这些用户成了非常有价值的资产，可以长期地、不断地、以各种方式从用户身上赚到钱。这种商业模式极具韧性，经得起折腾，允许试错，即使有些应用尝试失败了也不要紧，比如腾讯控股的电商业务，但只要通信网络保持的用户群体还在，那么基础业务就不会垮，总会有成功的新业务涌现。

（二）依托中国这个人口巨大的统一市场

互联网是人与人的连接，共同的语言和文化会让这种连接变得极其容易。要成为世界级互联网巨头，依托一个人口巨大、有共同语言和文化的统一市场是不可或缺的条件，这也是世界前十大互联网公司都出自中国和美国的缘由。

（三）始终重视和不断推出具有极佳用户体验的产品

1998年的中国，个人电脑普及率尚不足1%，大部分人，特别是使用QQ的主流人群——年轻人基本都在网吧上网。QQ选择把联系人的信息保存在服务器上，而不像ICQ那样只保留在本地电脑上，这样就极大地方便了在网吧上网的年轻人，不用因为换电脑而重新添加联系人号码。另外，群聊功能的开发，把以往一对一的单链条关系，升级为多对多的交叉型关系链，形成了社交网络。这些创新都极大地提高和丰富了用户的体验，成为QQ击败中外同类竞争对手的利器。在腾讯控股的各个产品中，都能看到其对用户体验的重视，比如各种游戏、QQ、微信等。用马化腾的话来说："从写第一行代码开始，我的理想就是如何做出最好的产品，而不是赚多少钱，这点我相信公司很多同事都是这样想的。"

四、估值

前文"自由现金流"一节中显示，腾讯控股的自由现金流在2019年为887.83亿元，按照年化22%的增速预测，2020年底其自由现金流会达到1 083亿元。实际上仅2020年上半年其自由现金流就已经达到了676.61亿元，同比增长130%，因此按照22%的增速预测是十分保守的。

对于这样仍在高速增长、业务潜力依旧巨大的垄断性互联网企业，估值为当前自由现金流的40~50倍都算合理。按照这个估值倍数，2020年底，腾讯控股的合理市值应为43 000亿~54 000亿元，而当前腾讯控股的股价约为522元/股，对应市值为44 000亿元，这一估值是合理偏低的。

再次强调，上述估值方法和结论具有很大的主观性，这里仅为读者提供一个参考。

五、结语与讨论

我们来讨论几个围绕腾讯控股经常会问到的问题：

（一）市值已经这么大了，还能有多大的增长空间

其实，这种质疑一直伴随着腾讯控股的成长。首先，我们承认“树当然不会长到天上去”。其次，我们也应该看到龙头企业的规模比一二十年前大很多，其增长幅度往往超过了我们当时最大胆的想象，就像一二十年前是很难想象贵州茅台的市值有一天能突破 1 万亿元，甚至 2 万亿元的，而这变成了今天的现实。因此，探讨腾讯控股的未来还有多大增长空间，正确的思考方式是看其业务到底在未来还能不能增长以及能有多大增长。腾讯控股的现有业务比如游戏、广告、视频、音乐、支付、云计算等在未来仍将会进一步发展，即使用户总数增加有限，但用户付费的比例、频次和总额还会进一步提升。毕竟随着社会经济的发展，人们在精神产品上的支出比重会越来越大。此外，腾讯控股的金融科技及企业服务业务市场空间巨大，有望引领企业下一个十年。还有，作为一个超级流量平台，其变现场景还在不断涌现，未来一定会出现若干我们现在还无法想象的应用。

（二）腾讯控股已经变成一家投资公司了吗

2018 年 5 月，一篇《腾讯没有梦想》的文章刷爆了互联网，直指腾讯控股的经营过度依赖战略投资，不重视内部产品创新。对此，马化腾解释了投资逻辑：“从腾讯核心优势出发，从 QQ 开始我们就意识到社交产品的核心优势是流量。除了自主开拓多条事业线、利用好这些流量以外，把不核心的、不专业的项目通过投资交给其他更合适的团队去做，如此更有利于资源和效益的最大化。历史也总是告诫我们要重视新的团队，不可能什么事都自己做。”

关于产品问题，马化腾坦承这也是他们一直在反思的。“确实需要产

品团队有更大的决心和耐心做出更优秀的产品，因为这也是我的初心。”不断推出具有极佳用户体验的产品是腾讯控股取得成功的核心因素之一，但不能期待腾讯控股或者任何一个企业总能推出市场上最火爆的产品，市场上难免会有竞争对手在某一领域、某一时段做得更为出色。但只要腾讯控股不忘初心，始终重视研发、运营好产品，就没有理由被看衰。

腾讯控股投资了近千家企业，市场价值逾万亿元，其中有 160 多家企业的估值在 10 亿美元以上，还包括京东、拼多多、美团等万亿级市值的企业。这些投资基本都是围绕着腾讯控股的核心流量优势将资源利用和效益最大化的，加强和巩固了经济护城河，其收益要从战略和长远的角度来评价。

（三）难道腾讯控股没有什么风险了吗

任何企业都有经营风险，腾讯控股也不例外。腾讯控股拥有超级社交 App，其社会影响力巨大，甚至跨越国界，因此运营上面临着严格的监管风险，比如之前几款游戏曾一度被下架，以及美国试图对微信在美国的业务进行封杀。监管风险是任何一个社交巨头都会面临的，国外的社交巨头脸书也不例外，不过腾讯控股的主要业务都在国内，在国内也合法运营多年，即使一时出现不当行为引发监管，相信也会及时纠错改正，监管风险可控。

此外，腾讯控股也面临着替代产品出现的风险。就目前来看，还看不到能替代微信、QQ 这样超级 App 的应用出现。不过随着头条系，比如抖音、头条新闻等应用的迅速崛起，确实影响了腾讯系的用户使用时长。这个风险虽然目前看不大，但是值得投资者长期警觉和关注。

第三节　脸书——全球社交网络之王

相信很多人都听说过社交网络脸书（Facebook）的大名，这家企业于2004年起源于哈佛大学的学生宿舍，从一个校园内的交友网在短短的十余年中迅速发展成拥有27亿月活跃用户的全球第一大社交网络。2012年5月以38美元/股的价格上市，估值达到了1 000亿美元。当初有很多评论都说这么大的市值恐怕已经透支了多年的成长预期，因此对其上市后的股价走势并不看好。果然上市后其股价走势低迷，几个月后价格降到了17.55美元，市值腰斩，仅有500亿美元左右。但是，在那之后到2020年10月初的8年多时间里，脸书的股价却节节升高，上涨了15倍，市值达到了7 500亿美元，跃居全世界最大的上市公司前十名（见图4-8）。在本节中，我们来一起探究这家企业成功的秘密。

图4-8 脸书的历史股价走势图

资料来源：万得股票。

一、发展历程

2004年，马克·扎克伯格与其他几名哈佛大学的室友共同创立了脸书，最初仅限于哈佛学生加入，但一经推出便广受欢迎，迅速扩散至全美乃至加拿大高校，2006年9月进一步开放给所有年满13周岁的公众。脸书成立后一直坚持用户注册采用“实名制”，认为“实名制”文化为用户带来了更大的责任感、安全性和更加值得信任的环境。尽管最近几年因各种原因企业放松了对实名注册的坚持，但是整体社区氛围还是以熟人社交为主。脸书用户增长惊人，截至2020年第二季度，月活跃用户人数（Monthly Active Users，MAU）在全球范围内已高达27亿，相当于地球总人口数的1/3，是当之无愧的世界第一大社交网络。2015—2019年脸书的月活跃用户人数见图4-9。

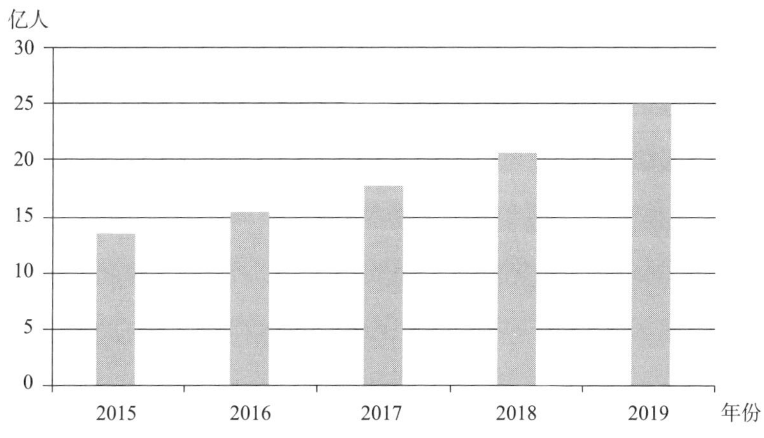

图4-9　2015—2019年脸书的月活跃用户人数

资料来源：公司年报。

脸书除了本身“Facebook”这个社交网络之外，还有以下主要产品：

（1）Messenger：一款基于熟人关系的即时通信软件。起初Messenger是作为Facebook的附属功能推出的，但是后来为了给用户提供更好的通信服务体验，于2014年从Facebook手机端程序中独立出来，如今Messenger已经拥有13亿活跃用户。

（2）Instagram：一款免费提供在线图片及视频分享的社交应用软件，于2010年10月发布。它可以让用户用智能手机拍下照片后再将不同的滤镜效果添加到照片上，然后分享到 Facebook、Twitter、Tumblr 及 Flickr 等社交网络服务器上，当然也包括 Instagram 的服务器。脸书于 2012 年以 10 亿美元收购了 Instagram，如今 Instagram 拥有 10 亿活跃用户，其中绝大多数是青少年。

（3）WhatsApp：一款基于通讯录和电话号码的即时通信软件，该软件通过互联网进行语音通话及影像通话，并使用标准移动网络电话号码向其他用户发送短信、文档文件、图片、音频、视频、音乐、联系人信息、用户位置等信息。脸书于 2014 年以 190 亿美元的天价收购了 WhatsApp，如今 WhatsApp 拥有 20 亿活跃用户。

（4）Oculus VR：这是一家致力于虚拟现实技术的公司，推出的虚拟现实平台可广泛用于虚拟旅游、医疗健康、影视娱乐、在线教育领域的各种虚拟现实应用。脸书于 2014 年以 20 亿美元的价格收购了 Oculus，被外界视为脸书为未来买单的举措。脸书的宗旨是连接人与人，而 Oculus 的技术开辟了全新的人与人连接的方式、体验和可能性，不仅在游戏领域，还在生活、教育、医疗等领域拥有广阔的想象空间。

（5）Workplace：是脸书于 2016 年推出的一款面向企业用户的沟通协作软件，主要为企业用户提供与 Facebook 类似的沟通协作服务，包括动态时报、组群、收发信息、直播、搜索、视频会议等。截至 2020 年 5 月，Workplace 已经拥有超过 500 万的企业付费用户。

（6）Portal：是脸书于 2018 年推出的一款视频通话设备，相比传统的视频通话相框，Portal 借助人工智能技术和更加灵活的摄像头，让用户不必呆坐在设备前，摄像头就会自由、智能地跟随用户的位置，并根据用户的距离调试摄像头进行变焦，使用 Portal 的人会觉得通话对象仿佛就在眼前，父母不用拿着手机追着他们的小孩，小孩也可以参与打电话而不必站着不动，人们可以轻松地相互视频，因而大幅提升了共享体验。

（7）Novi：一款数字钱包，旨在使人们可以在全球使用脸书推出的一种依托区块链技术的数字货币——Libra，这款数字钱包可以通过 Messenger 和 WhatsApp 使用，也会以独立应用的形式发布，预计将于 2021 年正式问世。

如图 4-10 所示，脸书的主要产品围绕着 Facebook 的核心宗旨，即连接人与人，构建了一个多维度的社交矩阵，覆盖了人们在不同场景下（家庭、工作）的交流需求，覆盖了不同年龄段（成年、青少年）人们的交流需求，覆盖了人们对不同交流方式（文字、语音、图片、视频、金钱）的需求，改善了人们的交流体验。

Facebook	2004年推出	基于熟人关系的社交网络
Messenger	2011年推出	基于Facebook熟人关系的即时通信软件
Instagram	2012年以10亿美元收购	图片和视频分享社交平台
WhatsApp	2014年以190亿美元收购	基于通讯录和电话号码的即时通信软件
Oculus VR	2014年以20亿美元收购	虚拟现实技术
Workplace	2016年推出	企业沟通协作平台
Portal	2018年推出	家庭智能视频聊天设备
Novi	预计于2021年推出	数字钱包

图 4-10　脸书的社交产品矩阵

资料来源：相关资料整理而得。

脸书的社交产品不仅丰富，更重要的是拥有几款全世界最受欢迎的社交产品，拥有海量用户。如图 4-11 所示，在全世界超过 10 亿用户的排名前六款的社交网络产品中，脸书一家企业就拥有四款。

简要介绍完脸书的主要产品，我们接下来谈谈脸书是如何赚钱的。由图 4-12 可知，脸书的收入组成主要分两部分，其中，广告收入占比为98.54%，剩下的1.46%来自支付和其他业务收入。

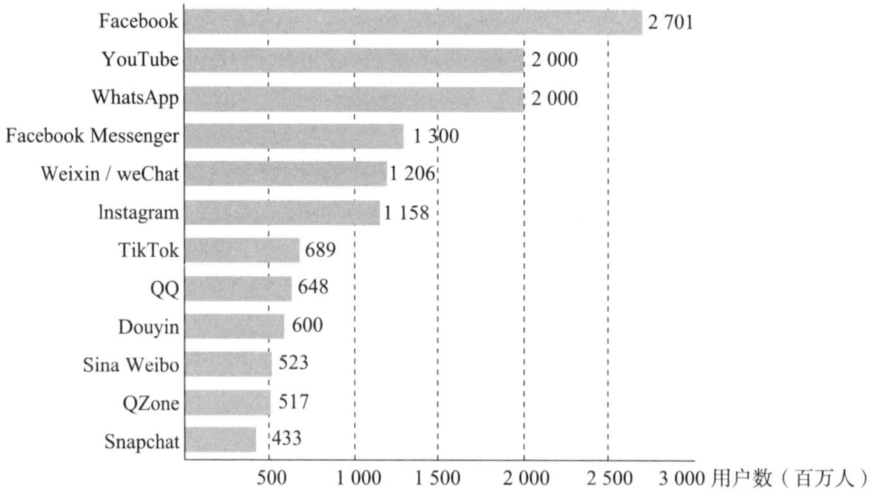

图4-11　世界最流行的社交网络活跃用户数排名

注：数据截至2020年10月。

资料来源：相关资料整理而得。

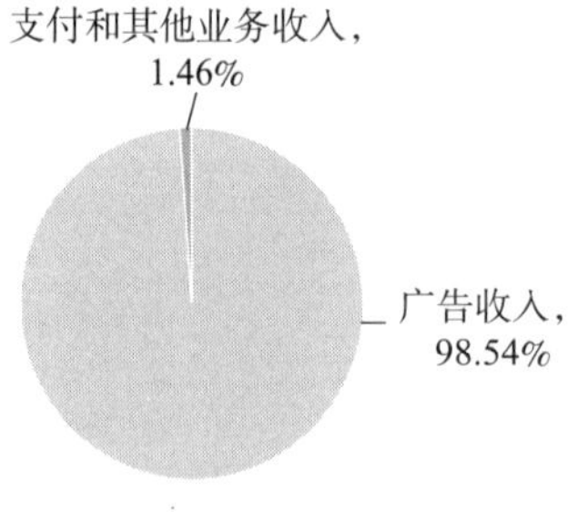

图4-12　截至2020年第二季度脸书各业务收入占比

资料来源：公司财报。

支付和其他业务收入主要来自开发者使用脸书的基础设施支付，比如区块链技术支付的费用，以及来自Oculus等业务的收入。虽然随着脸书推行Novi数字钱包、Libra数字货币，以及Oculus业务的发展，支付和其他业务收入的绝对值有望继续增加，但是由于占脸书收入绝对大头的广告收入持续增加，则支付和其他业务收入占比应该还会继续下降。因此，我们主要关注脸书的广告收入。

脸书的广告收入主要是通过在 Facebook、Instagram、Messenger 等网络平台上展示商品广告而获得。实际上，脸书就是个内容分发的超级平台，它可以根据用户的特征如年龄、性别、地理位置、兴趣爱好等进行广告的精准投放。由于庞大的用户数量和精准的投放效率，脸书和谷歌（Google）成为美国数字广告市场的双寡头，占据了约 60%的市场份额（见图 4-13）。

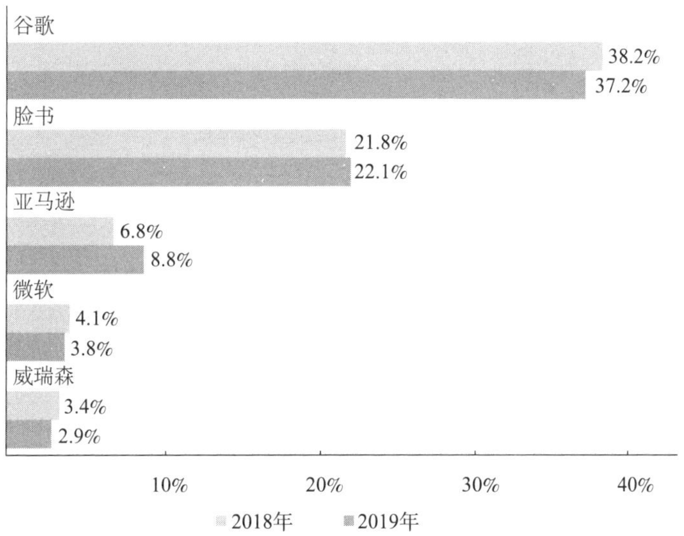

图 4-13 2018 年、2019 年美国数字广告市场份额排名前五的企业占比情况

资料来源：http：//www. emarketer. com.

即使在世界范围内，脸书的数字广告营收也是仅次于谷歌，而遥遥领先于其他公司，见图 4-14。

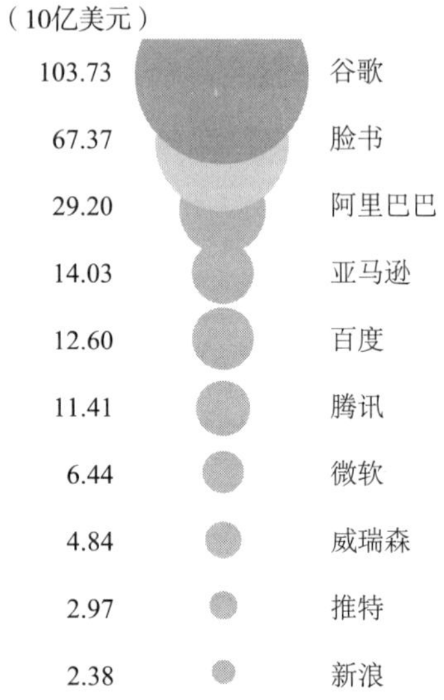

图 4-14　2019 年全球数字广告服务商营收排名情况

资料来源：http：//www. emarketer. com.

二、企业特征

下面用我们对好企业的判断标准来分析脸书。

（一）毛利率

如表 4-9 所示，脸书历年的毛利率基本稳定在 80%以上，远超我们对好企业的毛利率至少要高于 30%的要求。这么高的毛利率是和它作为内容分发超级平台的商业模式相符的。

表 4-9　2015—2019 年脸书的毛利率情况

	2015 年	2016 年	2017 年	2018 年	2019 年
毛利率（%）	84. 0	86. 3	86. 6	83. 2	81. 9

资料来源：http：//www. macrotrends. net.

（二）净资产收益率（ROE）

如表 4-10 所示，脸书的净资产收益率在 2015 年时由于高速发展、市场投入较大、净利率较低，从而导致净资产收益率不足 10%。但是自那以后，随着市场费用下降，净利率极大提高，净资产收益率在 2016 年有所跃升，并从那以后一直保持着 20%多的增幅，符合我们对净资产收益率大于 15%的好企业标准。

表 4-10　2015—2019 年脸书的净资产收益率情况

	2015 年	2016 年	2017 年	2018 年	2019 年
净资产收益率（%）	9.1	19.7	23.8	27.9	20.0

资料来源：http：//www.macrotrends.net.

（三）自由现金流

如表 4-11 所示，脸书的自由现金流在 2015 年仅为 78 亿美元左右，到了 2017 年就已经增长到约 175 亿美元了，虽然 2018 年略有下降，但 2019 年已经突破了 200 亿美元，年均复合增长率为 27.5%，可以说自由现金流十分充沛，且增长强劲。

表 4-11　2015—2019 年脸书自由现金流情况

	2015 年	2016 年	2017 年	2018 年	2019 年
自由现金流（亿美元）	77.97	116.17	174.83	153.59	206.60

资料来源：公司年报。

（四）重复消费性

如前文所述，凭借庞大的用户数量和精准的投放效率，脸书和谷歌成为美国数字广告市场的双寡头，占据了 60%的市场份额。因此不难想象，其多数广告客户应该会重复购买其广告分发服务。

（五）定价权

同样，作为美国数字广告市场的双寡头之一，脸书的广告分发服务具有一定的垄断性，那是不是有定价权呢？从表 4-12 中我们可以看到，脸书的每用户平均收入（Average Revenue Per User，ARPU）逐年提高，这意味着广告分发服务的收入一直在增长。同时伴随着活跃用户人数和广告主的增加，脸书的用户可以忍受更多的广告而不太失去对脸书产品的使用黏性，这使得脸书对广告主构成了优势，具备一定的定价权。

表 4-12 2015—2019 年脸书的每用户平均收入情况

	2015 年	2016 年	2017 年	2018 年	2019 年
每用户平均收入（美元）	11.96	15.98	20.21	24.96	29.25

资料来源：相关资料整理而得。

（六）经济护城河

作为拥有20多亿月活跃用户的全球社交媒体巨头，脸书的商业模式具有明显的网络效应，即用的人越多就越好用，而越好用就越多人用，具有极强的正反馈、自我强化特征。脸书所构建的社交网络不仅仅是人们生活中实际社交关系在网络上的映射，而且可以很方便地跟原本陌生的人构建起更广泛的社交关系，获得更丰富的社交体验。脸书旗下丰富的产品覆盖了从青少年到成年不同年龄段人们的社交需求，覆盖了人们对语音、文字、图片、视频等多种社交方式的需求，覆盖了人们在生活、娱乐、工作等不同场景下的社交需求。此外，脸书产品的内容还由用户生成，即用户生成内容模式（User Generated Content，UGC）。用户源源不断地输出内容，分享自己的喜怒哀乐，记录自己的人生体验。一个用户如果放弃使用脸书的产品，这往往意味着放弃自己跟熟人和感兴趣的人在网上的社交联系，以及放弃自己在网络上记录人生点点滴滴的经历，显然，这是很难放弃的。因此脸书产品构建的社交网络具有极强的用户黏性，因此也具备了极强的经济护城河，其他产品很难与之进行有效竞争。

三、成功因素

脸书由一个校内的交友网，在短短十余年中迅速发展出拥有27亿月活跃用户的全球第一大社交网络，可谓非常成功，其成功的要素有很多，但其中最重要的有以下几点：

（一）先发优势，率先形成网络效应

早期的脸书网站无论是在技术上还是在资金上都没有多高的门槛，这也是马克·扎克伯格凭借一己之力就能在短短几天内开发上线的原因。把线下的人际社交关系以全新的方式搬到网上，通过人际关系的裂变传播，让渴望和喜爱交际的年轻人的社交圈一下子扩大数倍，这个创新的想法本身不简单，取得的效果也非常惊人。脸书在很短的时间内风靡美国的各大高校、各个中学，乃至全社会。社交关系天然自带网络效应，形成自我实现的正反馈，这让后来者很难追赶超越。不得不说，先发优势，率先形成网络效应，是脸书获得巨大成功的重要因素之一。

（二）占据一个好赛道——湿湿的雪，长长的坡

如前所述，社交网络自带网络效应，容易形成竞争壁垒。不仅如此，由于人们会在社交网络上分享个人信息，很容易让网络的拥有者通过算法获得用户的精准画像，这样就大大提高了广告投放的精准度，对广告投放客户的价值更大，因此社交网络的广告投放可以卖得更贵，获得的利润更高。广告这门生意只要商业社会存在，需求就会存在。因此，如果把企业的经营比作滚雪球的话，脸书的广告生意则具有湿湿的雪，长长的坡。当前，脸书各产品间的协同化、货币化潜力还远未充分释放，比如目前具有20亿用户的WhatsApp的货币化还非常克制。此外，还有很多利润丰厚的业务，比如游戏等还未能有效地开发，具备极大的潜力，可见脸书还有巨大的上升空间。

（三）卓越非凡的领导人

出生于1984年的脸书创始人马克·扎克伯格，可谓少年老成、雄心勃勃、志向远大、目光超前、魄力惊人。早在脸书刚刚成立的前两年，仅有 1 000 万用户的时候，雅虎就抛来了以 10 亿美元收购的橄榄枝，这笔交易有望让扎克伯格和很多工作伙伴立即成为亿万富翁、千万富翁，不用再辛苦工作了。那时候扎克伯格仅 22 岁，面对这么大的“馅饼”诱惑，几乎所有人都希望扎克伯格接受这一提议，特别是在脸书成立初期就投资支持扎克伯格创业、对扎克伯格有着很大影响力的硅谷传奇投资人彼得·泰尔也曾鼓励其接受这笔交易。面对巨大的诱惑，承受着工作伙伴们巨大的压力，扎克伯格力排众议，拒绝了这笔交易，这实在是难能可贵。在扎克伯格拒绝雅虎收购的那一年，员工大批离职，管理层几乎都走了，他们对扎克伯格的决定表示失望甚至愤怒，看淡脸书的发展前景。几年后，当扎克伯格接受采访被问起所经历的最艰难的时刻时，他提到了这次面对雅虎的收购提议。当然，事后证明，扎克伯格做对了。

凭借超前的眼光和惊人的魄力，扎克伯格还为脸书赢得了几次非常重要、非常大胆的收购。2012 年，扎克伯格以一己之力在 72 小时内敲定了对 Instagram 以 10 亿美元收购的交易，要知道，那时候 Instagram 仅有 13 名员工，营业收入几乎为零，最值钱的资产就是还在高速增长的 3 500 万免费用户。这笔“天价”交易传出后，让业内大为震动，很多人都直呼扎克伯格买贵了。不过 Instagram 之后的发展历程证明（仅 2019 年即入账 200 亿美元，估值逾千亿美元，是当初被收购时的 100 倍）扎克伯格还是做对了。继对 Instagram 的收购之后，更惊人的收购还在后面。2014 年，脸书宣布以 190 亿美元的天价收购了仅有 5 年历史、员工仅有 50 多人的 WhatsApp。当然，打动扎克伯格的是WhatsApp拥有 4.5 亿用户，日活跃用户占比 70%，每日新增用户 100 万，每天有 100 亿短消息通过 WhatsApp 发送，用户黏性极高。据说，WhatsApp 之前一直在与腾讯谈判，已经到了最后一步，但因为马化腾接受了一起背部手术而推迟了飞往硅谷的行程。扎克伯格抢在双方最后一步完成之前，以 190

亿美元的价格收购，据说是腾讯报价的两倍左右。现在回头看这些年WhatsApp的飞速发展（用户数已达20亿）以及与脸书各个产品巨大的协同潜力，脸书当年对WhatsApp的收购也是十分成功的。

因此，拥有像扎克伯格这样卓越非凡、注重企业长远利益的领导人，是脸书取得如此成功的又一重要因素。

（四）依托美国这一具有世界级影响力的英语大国

互联网产品，特别是社交网络产品，具有很强的经济、精神和文化属性。毋庸置疑，除了自身优秀外，脸书能坐拥全球社交网络的霸主地位也离不开美国这一大国在全球的经济、文化影响力以及英语作为世界第一通用语言的广泛使用。大国意味着用户基数大，强大的经济意味着作为生意基本盘的本国用户的支付能力强，统一的语言便于用户间的沟通、传播和扩散。因此，世界级互联网巨头只能诞生在中美这样具有强劲经济、统一语言、庞大人口的国家。

四、估值

目前，脸书的市值约7 500亿美元，其自由现金流从2015年的78亿美元左右跃升到2019年的206亿美元，增长了2.64倍，年均复合增长率为27.5%。在可预见的未来，随着各国经济的进一步发展，移动互联网广告渗透率的提升，旗下各个产品的协同化、货币化的深入，相信脸书的盈利能力还会进一步提升。估计五年之内，自由现金流年均复合增长率保持在20%还是可以预期的。对于这样具有很大盈利增长潜力的世界级互联网龙头，给予其当前自由现金流25~40倍的估值都在合理区间。这样的话，2020年脸书的合理市值应该在6 180亿~11 124亿美元。

估值是科学和艺术的结合，除了客观财务数据，还包括了人们对其未来营利性、持续性等方面的主观看法，是见仁见智的。因此，上述估值方法和结论具有很大的主观性，仅为读者提供一个参考。

五、结语与讨论

本节以全球社交网络霸主脸书为例，阐述了网络效应经济护城河。网络效应具有用的人越多就越好用，越好用就越多人用的自我实现特征，具有很强的用户黏性，在移动互联网时代更是可以以极低成本、极快速度传播，可能在短时间内就建立起强大的竞争壁垒，让后来者很难形成有效的竞争。拥有网络效应护城河的企业是我们眼中好企业的重要类型，而连接人与人的社交网络是最能体现网络效应的，因此在全世界最大市值的上市公司前十名中，脸书和腾讯这样的社交网络公司就能占有两席之地，这绝不是偶然的。

可以想象，社交是人类永恒的基本需求之一，因此社交网络只会越来越发达而不会消亡，但是这并不意味着脸书的社交网络就不会消亡，其最大的风险就是被另一个新型社交网络所替代。曾几何时，MySpace、MSN 等社交网络风靡一时，但如今早已没了踪影。当然，脸书的用户规模、旗下社交产品的丰富和强大，产品自我迭代的能力，对新技术新产品并购的能力，都注定它的竞争优势不会被轻易撼动。因此，脸书在可以预计的将来还看不到任何会被取代的可能，这个风险是很小的。

此外，随着脸书这样具有世界范围影响力的社交网络对人们生活的影响渗透到方方面面，安全隐私问题越来越突出，来自监管的风险会时不时对运营造成影响。比如美国联邦贸易委员会一直在调查指控脸书与英国政治咨询公司剑桥分析（Cambridge Analytica）非法分享、泄露了属于 8 700 万用户的个人信息，并于 2019 年 7 月与脸书达成了约 50 亿美元的和解协议。这一高额罚款是针对脸书近两年来违反用户隐私保护策略，特别是“剑桥分析”事件的处罚。

但应该看到，安全隐私问题是伴随着社交网络、社交工具的发展而出现的新问题、新情况，从来没有任何产品能像社交网络产品那样深入千万乃至亿万人的日常生活和工作的方方面面，信息的传播也是史无前例的容易、迅速和广泛，因此要想做到及时应对各种安全隐私问题非常困难。况且隐私问题还是相对主观的问题，每个国家、每个人在不同的社会发展阶段对隐私问题的看法都不尽相同。因此，安全隐私问题恐怕会长期存在，这是任何一个做社交产品的企业所不得不长期面对的问题，各国监管部门也对此问题越来越重视。脸书将会长期伴随安全隐私问题、监管风险而发展，不过这个风险是可控的。当出现这样的风险，引起股价大幅下跌时，反而可能会带来买入的良机。

社交网络是个非常好的赛道，值得我们投资者长期关注。

第五章

有效规模

Shop

有效规模（Efficient Scale）是指一个特定的市场，只能容得下一家或极少几家企业，对于潜在竞争者无利可图，这样就形成了自然垄断。常见的例子是提供公共服务的企业，比如给一个地区供电、供水的企业比较容易形成垄断，因为在同一地区再建第二家提供同样服务的企业在经济上是得不偿失的。

在本章，我们继续以两个在中国 A 股上市和一个在美股上市的企业为例，按照我们对好企业的分析框架来分析一下具备有效规模这种护城河的企业。

第一节　上海机场——坐地收钱的顶级“包租公”

经营公共事业的企业，比如港口、机场、公路等，往往给人以平淡甚至乏味的感觉，不如投资科技股、概念股那样令人兴奋。但是，有这样一个经营机场公共事业的企业，上市 22 年以来，累计回报近 20 倍，年化回报率约为 14%（大体估算，未考虑分红），长期回报十分可观，这家企业就是本节即将介绍的上海机场。下面我们就来分析一下，看看其有何过人之处。

一、发展历程

上海拥有虹桥和浦东两个机场，在北京大兴国际机场通航之前，上海是全国唯一拥有两个大型民用机场的城市。其中，虹桥机场以国内航线为主，由上海机场的控股股东上海机场（集团）有限公司运营管理；而浦东国际机场以国际航线为主，归属于上市公司上海机场运营管理。浦东国际机场1999年建成通航，与北京首都国际机场、广州白云国际机场并称国内三大门户复合枢纽。2018年，浦东国际机场旅客吞吐量达7 400.63万人次，在国内仅次于北京首都国际机场，在全球排名第九，国际旅客吞吐量（包含港澳台地区）达3 757.35万人次，国际旅客占比超过50%，位居全国第一。上海机场的历史股价走势如图5-1所示。

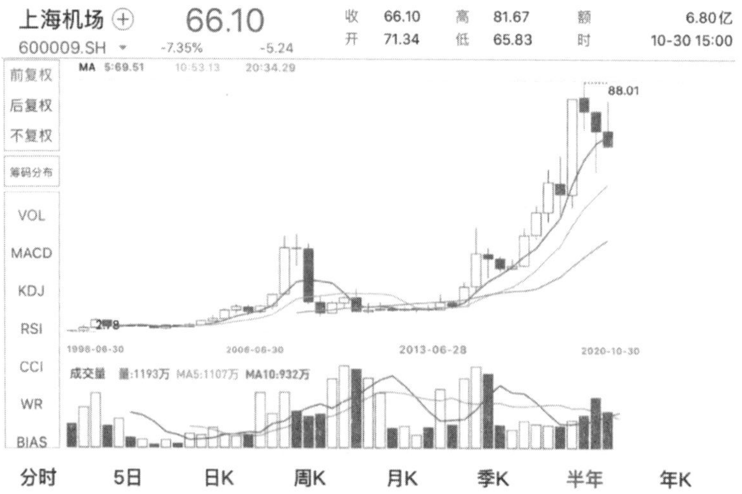

图5-1　上海机场的历史股价走势图

资料来源：万得股票。

机场业务主要分两块，航空性业务和非航空性业务。航空性业务指与飞机、旅客及货物服务直接关联的基础性业务，比如起降费、旅客服务费、安检费、停场费、客桥费等。这块业务的收费标准按照民航局出台的相关文件规定，实行政府指导价，体现了公共事业的特点。航空性业务基本上就随着旅客吞吐量、飞机起降架数以及货邮吞吐量的增长而增长。非航空性业务收入是指由航空性业务延伸带来的场地出租、免税零售、餐饮广告等收入。非航空性业务的定价主要通过市场招投标来实现，是市场化的定价，这块业务体现的是消费零售业的特点。

航空性业务和非航空性业务的比重会随着机场处于不同的运营阶段而发生变化。一般来说，运营初期的机场，客货流量的增长主要驱动航空性业务的增长。运营中期的机场，随着客货流量进一步增长，各种商业配套设施逐步完善，航空性和非航空性业务会共同增长。到了运营成熟期的机场，客货流量可能得以进一步增长，但增速趋缓，增量趋少，这时将主要依靠非航空性业务的增长贡献盈利。可以说，航空性业务提供流量入口，而非航空性业务则依靠流量变现。1999 年，上海机场的航空性业务收入占总营收的 100%，而到了 2018 年，上海机场的航空性业务收入占总营收的比重降到了 42.62%，相反，非航空性业务收入占总营收的比重增长到了 57.38%。加之非航空性业务收入的毛利远高于航空性业务收入，因此非航空性业务贡献了上海机场的主要利润。可以说，上海机场是一只掩盖在公共事业外衣下的消费股!

不仅如此，相对国内其他机场，浦东机场国际（地区）航线占比高，2019 年旅客吞吐量中出入境旅客占比达 50%。根据机场收费政策，相应航线的航空性业务收费标准高于国内航线，而且浦东机场的国际航线又以欧美地区为主，往来欧美地区旅客的消费意愿和消费能力更强，带动非航空性业务强劲增长。因此，上海机场的盈利能力在所有 A 股机场上市公司中独占鳌头。

上海机场利用自己的地理优势吸引了具有高端消费能力的旅客，这只是成功了一半，下一步的问题是如何将这种顶级流量进行最有经济效益的商业变现。所幸，上海机场找到了这个问题的答案，那就是从机场免税业务中收取租金。

那么机场的免税零售租金具体是什么业务模式呢？机场免税业务主要采取特许经营权的模式，即免税商店运营商从机场处获得特许经营权，向机场支付场地租金，零售免税商品。特许经营权租金合同一般由保底租金和销售额扣点率组成，取二者的高者。免税品的价格优势主要来自税率的减免，一般主要包括消费税、进口关税和增值税等。免税店一般以香水、化妆品、烟草、烈酒、首饰、高档服装等为主打产品。这些产品的毛利率普遍在60%以上，而且体积较小、附加值较高。由于上述产品在我国的真实税率高达50%～230%，免税店的价格可以低于市内专柜价格30%～50%，因此对消费者吸引力很大。浦东国际机场的免税经营商是日上上海，日上免税行品类全、价格低，培育多年，营运管理完善，顾客口碑好。机场商业租赁收入的驱动因素是免税商店运营商的免税收入和扣点率。根据中国国旅之前收购日上上海时披露的公告和其2018年年报，日上上海免税收入在2017年和2018年分别实现了同比38%和43%的高增长，2019年上半年收入同比增长23%左右。上海机场和日上上海签订的T2航站楼和卫星厅42.5%的扣点率政策从2019年开始执行，T1航站楼将于2022年起采用42.5%的扣点率。在此之前T1和T2的扣点率没有公布过，根据往年的数字倒推估计分别在30%和25%。从最近的数据来看，上海机场2019年上半年非航商业租赁收入同比增长46%，达到27.74亿元，主要由日上免税收入23%的增长以及扣点率提升共同完成。机场业绩增长的看点在非航空性业务，而非航空性业务收入的大头又来自免税店的租金。为了更直观地感受上海机场免税店租金业务的吸金能力，我们来看表5-1。

表5-1　2018年上海机场与日上上海签订的预计每年保底销售提成情况

合同期间（年份）	预计每年保底销售提成（亿元）
2019	35.25
2020	41.58
2021	45.59
2022	62.88

续表

合同期间（年份）	预计每年保底销售提成（亿元）
2023	68.59
2024	74.64
2025	81.48
合计	410.01

资料来源：相关资料整理而得。

举例来说，企业2018年与日上上海免税店签订了一份租金保底合同。日上上海在浦东国际机场经营的免税店面积为16 915.37平方米。我们以2019年保底租金计算，每平方米一年的租金是20.83万元，相当于每平方米每天的租金就高达570元。这还是保底租金，而企业与日上上海签订的合同约定，从2019年初起其提成比例提升到42.5%，取保底租金和提成比例的高者，所以机场实际上收取的租金可能更高。我们拿国内一线城市CBD区域租金做一下对比，见表5-2。

表5-2 上海机场租金与国内一线城市CBD区域租金对比

	北京国贸	上海陆家嘴	上海机场
单价（元/平方米/年）	8 690	1 891	206 912

资料来源：相关资料整理而得。

对比来看，上海机场的租金是不是高得令人咂舌！毫不夸张地说，上海机场是一台不折不扣的超级印钞机！免税店之所以愿意付出如此高的租金来经营免税业务，正是看中了上海机场下辖的浦东国际机场巨大的、高端的国际客流量。因此，**上海机场的核心商业模式是将具备高端消费能力的巨大客流量和具有高利润的免税零售业务精准对接，从中收取丰厚的租金**。正因如此，上海机场才从一般公共事业中脱颖而出，跻身于好企业之列。

此外，上海机场还入股了经营航油业务的上海浦东国际机场航空油料有限责任公司，持股比例为40%。这块业务的投资收益也十分不错，

2019 年给上海机场带来 5 亿元的投资收益。任何一架在上海浦东机场起落的飞机，都需要航油公司加油。以后随着飞机起降架次的增加，燃油消费量还会提升，这块投资收益有望进一步增长。

另外，上海机场还入股了上海机场广告有限公司，持股比例为 51%，其主要业务覆盖了航站楼和机场内部的几乎所有广告投放，这块业务在 2018 年给上海机场带来的收益为 2.4 亿元。

上海机场的固定资产主要由机器设备、跑道停机坪以及房屋建筑构成。目前在建工程主要是三期卫星厅的建设，随着卫星厅的建设完成，在建工程也会逐渐转入固定资产。值得注意的是，目前机场大部分土地并不归属上海机场上市公司，而是归属于大股东上海机场集团，因此每年上市公司要支付一笔很大的土地租赁费给大股东，公司 2019 年报显示，支付给机场集团的跑道、停机坪、安检楼、磁悬浮车站、商业一条街等场地租赁费总计约为 10.9 亿元。

二、企业特征

介绍完上海机场的概况，下面以我们对好企业的定义来逐一考察这家企业。

（一）毛利率

表 5-3 为 2015—2019 年上海机场的毛利率和销售净利率情况。

表 5-3　2015—2019 年上海机场的毛利率和销售净利率情况

	2015 年	2016 年	2017 年	2018 年	2019 年
毛利率（%）	45.94	45.13	49.82	51.69	51.21
销售净利率（%）	42.71	42.66	47.84	47.58	48.07

资料来源：公司年报。

由表 5-3 可知，2015—2019 年，上海机场的毛利率均为 40%以上，高于我们对好企业的毛利率至少要大于 30%的要求。不仅如此，上海机场的毛利率整体上还有逐年上升的趋势，这是因为有着更高毛利率的非航空性业务收入的占比在逐年提升。特别需要注意的是，尽管上海机场的毛利率已经很高了，但是其销售净利率竟然也能跟毛利率相差无几，都快接近 50%了，在 A 股没有多少家企业的销售净利率能有这么高。我们知道，销售净利率和毛利率的差别在于期间费用和税金，其中期间费用包括管理费用、销售费用、财务费用和研发费用。上海机场的销售净利率与毛利率相差无几，说明其期间费用非常低，也就是说，上海机场既不需要在研发上有多少投入，也不需要在营销上有多少投入，旅客们就纷至沓来，免税店就主动上门，让上海机场得以坐地收钱，这种生意实在是太好了。

（二）净资产收益率（ROE）

表 5-4 为 2015—2019 年上海机场的净资产收益率情况。

表 5-4　2015—2019 年上海机场的净资产收益率情况

	2015 年	2016 年	2017 年	2018 年	2019 年
净资产收益率（%）	12.84	13.16	15.54	15.87	16.55

资料来源：公司年报。

由表 5-4 可知，2015—2019 年上海机场的净资产收益率尽管在前两年中不足 15%，但是有逐年升高的趋势，并在后三年超过了我们对好企业净资产收益率要大于 15%的要求。从前文可知，上海机场的净利率在 2017 年同比有了一个跃升，这使得同年的净资产收益率也向上突破了 15%，企业总资产周转率也在缓步提升。同时，权益乘数在逐年递减，且接近 1，这主要是因为有息负债的减少，自 2015 年发行的债券到期后企业基本再无有息负债。综上，近年来上海机场净资产收益率逐年增长主要源自净利率的提升，非常健康。

（三）自由现金流

在前面几个章节中，我们用长期资产的折旧摊销当作保全性资本支出的近似替代来计算企业的自由现金流情况，即自由现金流=经营现金流净额-保全性资本支出（固定资产折旧+无形资产和长期待摊费用摊销+处置长期资产的损失）。但实际上，并非所有的企业都要按照这个公式和口径来计算，应根据具体的商业模式做调整。对于上海机场这类企业，一旦建好机场，每年就计提很多折旧和摊销。但是这些折旧和摊销中的大部分并不需要再次投入替换新资产，只需投入远低于折旧摊销的金额即可保全机场的经营规模和能力，在这种情况下，保全性资本支出小到可以忽略不计，我们可以直接把经营现金流净额当作自由现金流。根据上海机场的年报数据，我们发现其每年的经营性现金流净额与扣非净利润大体相仿，如表5-5所示。

表5-5　2015—2019年上海机场的经营性现金流和扣非净利润情况

	2015年	2016年	2017年	2018年	2019年
经营性现金流净额（亿元）	32.07	25.75	41.14	44.68	48.85
扣非净利润（亿元）	24.9	28.05	36.85	42.35	49.85

资料来源：公司年报。

由表5-5可知，上海机场除了2016年外，其经营性现金流净额增长强劲。我们来看一下2016年发生了什么？从2016年年报中可以看到，其经营活动现金流入同比增长了7.96亿元，而经营活动现金流出同比增长了14.29亿元，造成经营活动产生的现金流净额同比减少了6.33亿元。

造成经营活动现金流出同比大幅增长的原因是：支付给职工以及为职工支付的现金同比增长2.32亿元，增幅18%；支付的各项税费同比增长4.36亿元，增幅63.65%；支付其他与经营活动有关的现金增长7.19亿元，增幅135.92%。

由表5-6可知，“支付给职工以及为职工支付的现金”费用平均年化增幅为11%左右，属于正常。

表 5-6　2015—2019 年上海机场支付给职工以及为职工支付的现金情况

	2015 年	2016 年	2017 年	2018 年	2019 年
支付给职工以及为职工支付的现金（亿元）	12. 84	15. 16	14. 71	15. 73	19. 45
同比增幅（%）	15. 36	18. 07	-2. 97	6. 93	23. 65

资料来源：公司年报。

再看“支付其他与经营活动有关的现金”费用，年报中对此项花费同比增加的解释是：本期支付的场地、资产租赁费同比增加所致，见表 5-7。

表 5-7　2015—2019 年上海机场支付其他与经营活动有关的现金情况

	2015 年	2016 年	2017 年	2018 年	2019 年
支付其他与经营活动有关的现金（亿元）	5. 29	12. 48	9. 31	9. 10	12. 15
同比增幅（%）	25. 90	135. 92	-25. 40	-2. 26	33. 52

资料来源：公司年报。

为此，上海机场于 2016 年 3 月 12 日专门发布了《上海国际机场股份有限公司关于预计 2016 年度日常关联交易金额的公告》，该公告中解释道：“目前公司在浦东机场内所使用的跑道、飞行区、航站楼等多种配套设施用地，土地使用权大部分属于集团公司，地上建筑物部分为公司投资建设，部分为集团公司投资建设。所属集团公司的土地和建筑物公司通过租赁方式进行经营和使用。原租金价格因确定的时间较早，与目前的市场价格差异较大，需要进行调整。”可见，这是个非常规的调整，从其 2017 年、2018 年的年报中看到，该项花费又从 2016 年的 12. 48 亿元回落到 9. 31 亿元和 9. 10 亿元。

年报中对“支付的各项税费”同比增加的解释是：本期支付的企业所得税、增值税等税金同比增加所致。这项花费在 2016 年同比大增与“支付其他与经营活动有关的现金”同比大增相关，见表 5-8。

表 5-8 2015—2019 年上海机场支付的各项税费情况

	2015 年	2016 年	2017 年	2018 年	2019 年
支付的各项税费（亿元）	6.85	11.21	10.88	14.35	15.6
同比增幅（%）	15.13	63.65	-2.94	31.89	8.71

资料来源：公司年报。

通过以上分析我们得出结论，上海机场在 2016 年由于经营活动现金流出同比大幅增加而导致经营活动产生的现金流净额同比大幅减少是个非常态现象，从长期看，上海机场产生经营现金流和自由现金流的能力并没有受到很大影响，没有改变其“超级印钞机”的“现金奶牛”的本质。

（四）重复消费性

很显然，无论是航空性业务还是非航空性业务都具有较高的重复消费特性，特别是非航空性业务发展的市场空间还很大。

（五）定价权

特许经营权租金合同一般由保底租金和销售额扣点率组成，取二者的高者。也就是说，哪个金额多就上交哪个。这不是定价权是什么！这种条款妥妥地展示了上海机场在同招租对象议价时的强势地位。

不仅如此，前文提到，上海机场与日上上海最新签订的 T2 航站楼和卫星厅 42.5%的扣点率政策从 2019 年开始执行，T1 航站楼将于 2022 年起采用 42.5%的扣点率。2019 年之前 T1 和 T2 的扣点率没有公布过，根据往年的数字倒算估计是 30%和 25%。可见，扣点率在以往基础上有大幅提高，这种提价能力充分体现了上海机场强大的定价权。

（六）经济护城河

上海机场下辖的浦东国际机场具有十分优越的地理位置和丰富的市场资源。上海是我国最大的经济城市，位于亚洲、欧洲和北美大三角航线的端点，飞往欧洲和北美西海岸的航行时间约为 10 小时，飞往亚洲主要城市的时间在 2~5 小时，航程适中。上海地处我国东部沿海经济发展带与长江经济带的交会处，直接服务区长三角地区是目前我国经济发展速度最快、经济总量规模最大、最具有发展潜力的经济板块；间接服务区 2 小时飞行圈资源丰富，包括我国 80%的前 100 大城市、54%的国土资源、90%的人口、93%的 GDP 产出地和日本、韩国的大部分地区。长三角地区已成为世界第 6 大城市群，财富 500 强中有 400 多家企业在这里投资，机场半径 300 公里的腹地内覆盖了长三角地区的 8 个主要工业科技园区，相关产业与航空关联度高，主要产业为电子信息、汽车、石化、成套设备、精品钢材和生物医药等。

浦东国际机场是长三角地区级别最高的机场。2018 年旅客吞吐量为 7 615. 35 万人次，国内排名第二，连续三年全球排名第九。特别是 2019 年，浦东国际机场的国际和地区旅客吞吐量超过一半，而北京首都机场、广州白云机场的国际和地区旅客占比均未超过 30%。国际和地区航线的业务价值，特别是非航空性业务价值相对于国内业务要高得多，浦东国际机场具有很高的国际航线占比。

总结一下，在门户复合枢纽这个级别的机场中，全国也只有包括浦东国际机场在内的三家，在长三角地区则更是仅有浦东国际机场一家独占鳌头，形成了一定程度的垄断，构建了有效规模这种经济护城河。

不过，需要指出的是，机场的兴建是有严格的行政许可壁垒的，上海机场所运营管理的浦东国际机场作为门户复合枢纽的定位则更是需要行政权力赋予的。因此，上海机场的经济护城河并不纯粹是由市场化机制形成的。

三、成功因素

（一）具备天时地利人和，拥有区域垄断优势

上海机场的成功首先离不开改革开放以来经济大发展的时代背景，即“天时”，机场的客货流量从很小的基数起实现了跳跃式增长，旅客的消费能力也在逐年提高。“地利”则是在“经济护城河”部分中阐述过的，上海机场下辖的浦东国际机场具有十分优越的地理位置和丰富的市场资源，具备区域垄断优势，这里不再赘述。“人和”则是指行政权力赋予上海机场下辖的浦东国际机场门户复合枢纽的定位。

（二）成功地将顶级流量与顶级消费对接，实现商业价值的最大变现

上海机场凭借天时地利人和，吸引来消费能力最强的旅客流量，然后将其对接给免税零售这一高消费、高利润业务，成功地把吸引来的流量进行了最大商业价值的变现。

（三）优秀的管理

相比国内同行，上海机场拥有最高的净资产收益率，最强的盈利能力，同时还拥有最低的管理费用率、财务费用率等，运营效率很高，体现了优秀的管理运营水平。特别是在非航空性业务方面，企业会根据实际情况调整商业资源总体规划，通过优化商业规划布局、持续对商业零售品牌管理、增强品牌集聚效应、提升多元化经营效益，不断增强非航空性业务的整体竞争力和盈利能力。企业非航空性收入中商业租赁等相关收入和利润均增长较快，增长幅度显著高于旅客吞吐量增幅。可以说，坐拥上海机场这么好的资产，管理层没有暴殄天物，而是成功地将其价值开发释放了出来。

四、估值

近年来，上海机场的免税业务利润占比达到了70%左右，随着免税业务的进一步发展，其利润占比有望进一步提高。我们可以相对保守地按照70%的占比比例，通过预测上海机场免税业务的利润来预测整体利润。

如前文论述，上海机场与免税店签订的合同是取保底租金和提成比例的高者。2019年，归属于上市公司股东的扣非净利润约为50亿元，而2019年保底销售提成预计约为35亿元，由于上海机场的各项费率很低，税金也不高，那么这块收入中的大部分都能转化成利润，因此可粗略地把免税业务的销售提成收入全部当作免税业务的利润，然后根据免税业务利润与整体利润之比是7：10的关系，推出35亿元免税业务利润对应着50亿元的整体利润，这与实际情况大体符合。由此，我们可以利用这个简单的模型，通过免税业务保底销售提成的预测来进行整体利润的预测。

2020年一场突如其来的新冠肺炎疫情席卷全球，也对上海机场的生意造成重创，这里我们先假设不受疫情影响的情况下，上海机场2020年的总利润将能达到多少。2020年，来自免税业务提成的收入将会达到41.58亿元，按照7：10的比例，届时上海机场的总利润将达到59.4亿元。

我们再来看看市场对上海机场的历史估值情况。上海机场商业租赁收入（主要是免税收入）自2015年开始就超过航空性业务收入，成为其收入的主要来源，其商业模式已经发生改变，市场对其估值由原来纯航空性公共事业的低估值转变为“坐地暴利收租”的垄断性商业租赁模式的高估值，估值得到了提升。这是自2015年以来，上海机场完成估值切换，成功实现业绩和估值共同上升的戴维斯双击的原因所在。2011—2014 年，上海机场的估值常年徘徊在 20 倍市盈率以下，最低达到过 12.49 倍，但是在 2015 年之后，市场对上海机场的估值就提升到了 20~35 倍。随着非航空性业务收入占比的进一步提升，市场对上海机场的估值有望进一步提高。对于上海机场这样有着相对永续性、垄断性商业模式的“超级印钞机”企业，合理的估值应该在 25~40 倍，那么 2020 年上海机场的合理市值在 1 480 亿~2 380 亿元。

目前，新冠肺炎疫情在欧美国家仍然肆虐，国际航线还远远没能正常开通。上海机场 2020 年第三季度报告指出：“2020 年以来，全球航空业因新冠肺炎疫情爆发面临严峻挑战，国际机场协会和国际民航组织先后强调行业受疫情影响严重、所面临的疫情后果前所未有。此次疫情对企业各项业务的开展和客户经营影响较大，经营压力持续加大，营业收入预计将有较大幅度下降，具体影响还需视疫情进展而定。”可见，上海机场未来一段时期内业务存在着很大的不确定性，至于多久后才能全面恢复，现在还很难讲，估计至少还需要一两年的时间。因此，虽然从长期的角度来看，疫情对上海机场的生意影响可能是短暂的，但是由于存在着很多不确定性，因此对其的估值还需要打些折扣，如果能下跌到低于 1 000 亿元市值，可能会是个比较有吸引力的买点。

注意，上面估值方法具有很强的主观性，只是给读者提供一种估值的思路，仅供参考。

五、结语与讨论

关于上海机场的未来发展，市场上有些典型的问题，我们来逐一看看。

（一）上海机场具有行政垄断壁垒，以后国家政策会不会有变

行政垄断壁垒是指机场，特别是浦东国际机场这样的枢纽门户，其设立是有着极高的行政审批门槛的。此外，机场建设还有很高的资金门槛，建成一个浦东国际机场是需要耗费几百甚至上千亿元资金的。围绕着浦东国际机场，国家还大量投资建设了很多周边配套设施，包括高速公路、高铁、轻轨、物流园区等。因此，浦东国际机场的枢纽门户级机场定位虽然是政府行政权力给予的，但政府绝对不会轻易更改。

（二）虹桥机场会对浦东国际机场构成同业竞争吗

上海是我国同时拥有两座大型机场的城市，目前上市公司上海机场运营管理浦东国际机场，其控股股东上海机场集团运营管理虹桥机场。根据《上海航空枢纽战略规划》对两个机场功能的布局定位，是以浦东国际机场为主构建枢纽航线网络，虹桥机场在枢纽结构中发挥辅助作用，以点对点运营为主。因此，双方的客户基本上是区别化的。浦东国际机场作为航空枢纽战略的核心载体，将被打造成品质领先的世界级航空枢纽。目前二者可能存在的同业竞争主要体现为某一航线是在虹桥机场还是浦东国际机场起降。但是，根据管理体制，只有民航局对航线安排具有决定权。可见，这种竞争并非通常意义上的、市场化的同业竞争，而是在民航局统一计划管理下的非市场化的、被动的、间接的、缓和的竞争。

（三）高铁会不会对浦东国际机场的客流进行分流

毋庸置疑，高铁一方面会对浦东国际机场一些国内航线的旅客产生分流，但另一方面，高铁也同时会把一些原来不会从浦东国际机场乘机的旅客吸引到这里，因此有一定的双向抵消效应。此外，浦东国际机场

的国际航线占比逐渐超过一半，受到高铁分流的影响就更小了。

（四）上海机场的未来发展空间在哪里

据说中国目前尚有10亿人没有坐过飞机，随着生活水平的提高，会有越来越多的人乘飞机出行，上海机场的客流量将会随之增长；免税店商品的销量和价格还有提高的空间；空域改革的深入有望释放更多的空域给上海机场，从而提高其客流容量和旅客乘机体验；填海扩建机场也是未来可能的一项选项。

（五）新冠肺炎疫情对上海机场的生意影响有多大

虽然新冠肺炎疫情在全球肆虐，但是种种信息显示，适合大范围人群接种的疫苗有望在2021年上半年推出。因此，人类必将战胜新冠病毒，其对经济的各种影响也终会完全恢复，上海机场的生意也不例外。新冠肺炎疫情对上海机场的短期影响巨大，但对其长期价值影响可能不大。不过我们需要密切跟踪疫情和上海机场经营的动态，来不断校正我们的判断。

第二节　海螺水泥——天时地利铸就“泥中茅台”

海螺水泥于2002年2月7日在A股上海证券交易所成功上市，迄今已有将近20年时间，这期间其股价上涨40多倍（大体估算，未考虑分红），是个不折不扣的大牛股（见图5-2）。水泥这个在很多人眼中灰头土脸、没有什么技术含量的“大路货”，为何能在资本市场上如此受追捧，给投资者带来如此丰厚的回报，其中的奥秘在哪里呢？我们还是先从它的历史说起。

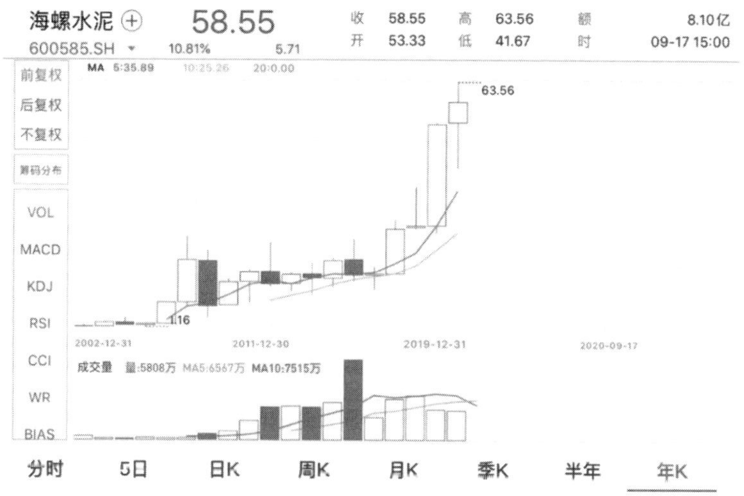

图 5-2　海螺水泥的历史股价走势图

资料来源：万得股票。

一、发展历程

水泥是建筑用的胶黏材料，发源于罗马砂浆，工业革命改良后制成波特兰水泥，大规模应用后推动了城市化进程。我国从清末开始引进国外水泥技术，经历了立窑、湿法回转窑、2 000 吨熟料预分解窑新型干法、5 000 吨熟料预分解窑新型干法四个层次，每个层次的发展基本都是先购买国外成套技术装备，再进行自主研发，实现设备的国产化。设备的技术换代导致更新的周期较长。1985 年开始，中国的水泥产量已经达到全球第一，但是在这之后的 30 年时间里，仍然经历了 1992 年、2003 年、2006 年、2009 年四个水泥产量增长高峰期，行业中企业的固定资产也经历了快速扩张，在 2014 年以后进入成熟发展期。

海螺水泥的前身是 1978 年成立的“安徽省宁国水泥厂”，“海螺”名称亦来自宁国水泥厂“海螺”牌水泥商标。1995 年 9 月，以宁国水泥厂为主体，安徽省建设投资公司与铜陵市建设投资公司共同出资，组建安徽铜陵海螺水泥有限责任公司。1996 年 9 月，并购芜湖白马山水泥厂。1996 年 8 月 24 日，安徽省人民政府在宁国水泥厂的基础上组建成立安徽海螺集团有限责任公司，授予国有资产经营权。1997 年 9 月 1 日，安徽海螺水泥股份有限公司正式成立，同年 10 月 21 日在香港挂牌上市，开创了中国水泥行业境外上市的先河。

企业主要从事水泥及商品熟料的生产和销售，经过多年的快速发展，产能持续增长，工艺技术装备水平不断提升，发展区域不断扩大。企业先后建成了铜陵、英德、池州、枞阳、芜湖 5 个千万吨级特大型熟料基地，并在安徽芜湖、铜陵兴建了 4 条 12 000 吨生产线。

海螺水泥下属 140 多家子公司，分布在省内基地和 14 个区域，横跨华东、华南和西部 18 个省份及印度尼西亚、缅甸、老挝、柬埔寨等国，形成了集团化管理和国际化、区域化运作的经营格局。

企业的生产线全部采用先进的新型干法水泥工艺技术，具有产量高、能耗低、自动化程度高、劳动生产率高、环境保护好等特点。企业在华东、华南地区拥有丰富的优质石灰石矿山资源，含碱度低，碳酸钙含量高，为生产高品质的低碱水泥提供了高品质的原材料。企业的生产全部采用新型干法旋窑工艺技术，装备先进，实现了从矿石开采到码头装运的全程自动化控制，按照 ISO9001 国际质量认证体系进行质量管理和监控。企业依靠完备的铁路、公路及水路运输系统，形成了专业化的生产体系和庞大的市场营销网络。

“海螺”牌高等级水泥和商品熟料为企业的主导产品。“CONCH”商标被国家商标局认定为驰名商标，长期、广泛应用于举世瞩目的标志性工程，如：京沪高铁、杭州湾跨海大桥、上海东方明珠电视塔、上海磁悬浮列车（轨道梁）、连云港田湾核电站、浦东国际机场等。同时，产品出口美国、欧洲、非洲、亚洲等 20 多个国家和地区。企业是国内能够完全提供抗硫酸盐水泥、中低热水泥和道路水泥等特种水泥的供应商。精心开发的核电水泥低热升温幅度极小，抗收缩变形极微，是专用于核电工程的高品质水泥产品；无磁水泥适用于精密仪器、导航定位系统及其他对电磁、地磁干扰要求较小的建筑物；按照美国标准生产的熟料和美标Ⅱ水泥和Ⅳ水泥，出口美国等地后，受到广大用户的好评。

经过多年的发展，海螺水泥已经成为水泥行业的标杆性龙头企业，享有“世界水泥看中国，中国水泥看海螺”的美誉。

二、企业特征

在简要了解了海螺水泥的历史和现状后，我们来检验一下这家企业。

（一）毛利率

2015—2019 年海螺水泥的毛利率情况如表 5-9 所示。

表 5-9　2015—2019 年海螺水泥的毛利率情况

	2015 年	2016 年	2017 年	2018 年	2019 年
毛利率（%）	28.09	32.85	35.59	47.44	47.13

资料来源：公司年报。

由表 5-9 可知，除 2015 年外，其余四年海螺水泥的毛利率都高于 30%，这符合我们对好企业毛利率的定义标准，2018 年、2019 年两年更是达到了 47%多，是惊人得高。在很多人眼中，水泥可能类似大宗商品，毛利率极低，赚钱主要靠走量。海螺水泥让我们看到，水泥的利润竟然是如此丰厚！难怪有人称海螺水泥为“泥中茅台”。

（二）净资产收益率（ROE）

2015—2019 年海螺水泥的净资产收益率情况如表 5-10 所示。

表 5-10　2015—2019 年海螺水泥的净资产收益率情况

	2015 年	2016 年	2017 年	2018 年	2019 年
净资产收益率（%）	10.74	11.5	19.13	27.99	25.37

资料来源：公司年报。

由表 5-10 可知，海螺水泥在 2015 年、2016 年两年的净资产收益率还不高，但是从 2017 年起，其净资产收益率就开始大于 15%了。这是因为 2016 年国家启动了水泥行业的供给侧改革，使海螺水泥乃至全国整个水泥行业的经营迎来了拐点，这个我们在后面“成功因素”中会进行更多介绍。

依据表 5-11，进一步考察海螺水泥的高净资产收益率是否来自高的财务杠杆，即高资产负债率。

表 5-11　2015—2019 年海螺水泥的负债情况

	2015 年	2016 年	2017 年	2018 年	2019 年
负债总额（亿元）	322.37	295.36	304.53	331.29	364.57
资产总额（亿元）	1 057.81	1 095.14	1 221.43	1 495.47	1 787.77
资产负债率（%）	30.48	26.97	24.93	22.15	20.39

资料来源：公司年报。

由表 5-11 可知，2015—2019 年，海螺水泥的资产负债率并不算高，并且逐年走低，因此其高净资产收益率是很健康优质的。

（三）自由现金流

我们还是用长期资产的折旧摊销做保全性资本支出的近似替代来计算海螺水泥的实际自由现金流情况，即自由现金流=经营现金流净额-保全性资本支出（固定资产折旧+无形资产和长期待摊费用摊销+处置长期资产的损失）。2015—2019 年海螺水泥的自由现金流情况见表 5-12。

表 5-12　2015—2019 年海螺水泥的自由现金流情况

	2015 年	2016 年	2017 年	2018 年	2019 年
1 经营性现金流净额（亿元）	99.08	131.97	173.63	360.59	407.38
2 资产减值准备（亿元）	0.00	3.78	0.00	2.09	11.70
3 固定资产和投资性房地产折旧（亿元）	42.12	44.98	45.90	46.47	49.32
4 无形资产摊销（亿元）	2.47	2.55	2.43	3.06	3.39
5 长期待摊费用摊销（亿元）	0.00	0.00	0.00	0.00	0.00
6 处置固定资产、无形资产和其他长期资产的损失（亿元）	-0.70	-1.01	-0.41	0.54	0.68
7 非付现成本费用（亿元）= 2+3+4+5+6	43.89	50.30	47.92	52.16	65.09
实际自由现金流（亿元）= 1-7	55.19	81.67	125.71	308.43	342.29

资料来源：公司年报。

由表 5-12 可知，海螺水泥的实际现金流多年来以约 58%的年化复合增长率强劲增长，实在是优秀！

一个好的企业，应该能产生充沛的经营现金流，最好接近或超过净利润，这说明其利润大部分或全部是以现金方式实现的，成色足，质量高。以此为标准，我们看看海螺水泥净利润的成色。2015—2019 年海螺水泥的净利润情况见表 5-13。

表 5-13　2015—2019 年海螺水泥的净利润情况

	2015 年	2016 年	2017 年	2018 年	2019 年
经营性现金流净额（亿元）	99.08	131.97	173.63	360.59	407.38
扣非净利润（亿元）	53.01	76.81	140.78	298.19	327.19
经营性现金流量净额与净利润之比	1.87	1.72	1.23	1.21	1.25

资料来源：公司年报。

由表 5-13 可知，海螺水泥多年来的经营活动现金流净额一直大于其净利润，利润的质量还是相当高的。

（四）重复消费性

水泥因具有很多优良的特性，成为当今人类社会最重要的基础建材之一，被广泛用于各类建设工程中，不断被购买“消费”，因此具有很强的重复消费性。

（五）定价权

本来水泥作为一种生产门槛较低、具有同质化特性的建材，同一区域各个厂家间的竞争通常会很激烈，因此是不具有定价权的。2016 年国家对水泥行业实施供给侧改革，采取了关停并转小水泥厂、错峰生产等措施，根本性地改变了竞争格局，各个区域的龙头企业在本区域内得以迅速壮大。加之水泥运输的经济半径通常不超过 300 公里，就逐渐形成了一定的区域性垄断，各区域的龙头企业也因此享有了一定的定价权，获得了较高的毛利水平。

如图 5-3 所示，水泥价格在 2016 年之后一路震荡上行，近两年则维持在高位波动。

图 5-3　水泥价格周 K 线图及指数走势

资料来源：中国水泥网。

海螺水泥作为行业内最优秀的龙头企业，自然具有相对更多的定价权，其一路走高并超越同行的毛利率也反映了这一点。

不过需要指出的是，水泥的价格会受到宏观经济状况、区域经济发展水平、国家经济法规政策、行业竞争态势乃至天气等因素的影响，因此海螺水泥所具有的定价权也受到这些因素的制约。

三、成功因素

海螺水泥历经40余年的发展，取得了巨大成功，成为业内标杆，赢得了“世界水泥看中国，中国水泥看海螺”的美誉，也给长期投资者带来了丰厚的回报。海螺水泥取得成功的核心原因主要有以下三点：

（一）成本领先（地利）

海螺水泥所在的安徽省具有丰富的石灰石资源，是我国石灰石保有量第二梯队大省，省内石灰石矿山基本位于长江沿线20公里内，地理环境得天独厚。海螺水泥通过设厂于原材料产地，建立大规模的生产基地群，利用长江水路的运输能力，将产品运送到长江下游大规模水泥消费城市群，形成了“原材料产地设厂+长江水运+大容量水泥消费城市群”的战略布局。水泥有运输半径（公路200/300公里、铁路500公里、水路1 500公里），超过运输半径成本就会增加，而利用长江水路，海螺水泥成功地将自身产品的市场范围扩大数倍。在这个战略布局下，海螺水泥进一步实施了著名的“T形战略”，将成本控制发挥到了极致。“T形战略”始于2000年，即在长江沿岸石灰石资源丰富的地区兴建、扩建熟料生产基地，在沿海无资源但水泥市场发达的地区，低成本收购小水泥厂并改造成水泥粉磨站，就地生产水泥，从而形成沿江沿海“熟料基地+水泥粉磨站”的T形战略布局，再利用生产过程的热量进行余热发电降低动力成本，海螺水泥的吨成本低至179元，远低于行业平均水平的208元。

（二）优秀的管理层（人和）

从1978年成立的宁国水泥厂到如今成为世界最大的单一品牌水泥供应商，海螺水泥的发展离不开优秀的管理层。海螺水泥通过“T形战略”的布局和实施，极大地降低了生产物流成本，还通过优秀的费用管控，使费用率逐年下降至行业最低水平，吨净利达到了行业第一。此外，从一系列行业内并购到骨料等新产品的拓展，以及海外市场的开发等，都无一不体现出企业管理层的卓越管理水平和战略眼光。值得一提的是，海螺水泥自 2003 年股改后，管理层直接持股、员工通过海螺创业间接持有企业股份，实现了管理层、员工利益与企业利益相统一，极大地释放了管理层和员工的工作热情和主观能动性。

（三）国家经济腾飞大背景下的供给侧改革（天时）

海螺水泥的发展离不开过去 40 年国家经济高速发展的大背景，基础建设对水泥的需求在此期间有着巨大而高速的增长，给整个行业带来历史性的发展机遇。加之国家供给侧改革政策的实施，极大地改善了业内竞争格局和态势，进一步助推了包括海螺水泥在内的优势企业的发展。

四、估值

前文提到，海螺水泥的实际自由现金流从 2015 年的 55. 19 亿元增长到 2019 年的 342. 29 亿元，复合年均增长率约为 58%。当然，我们不能期望这么高的复合增长率能够持续，不过在接下来的五年，海螺水泥的实际自由现金流至少还能保持约 10%的年化复合增长率。

对于海螺水泥这样一个弱周期化的、能赚取稳定现金流、生意具有某种程度永续性的、具有较高竞争优势的企业来讲，给出 20~30 倍实际自由现金流的估值也属合理。过去市场一直给予海螺水泥 6~15 倍的市盈率，市场偏见导致海螺水泥的价值一直被低估。不过，我们在估值中也可采用保守方式处理，就以 6~15 倍实际自由现金流给海螺水泥估值。那么假设 2020 年实际自由现金流为 342. 29×1. 1＝376. 52 亿元（不考虑新冠肺炎疫情这一特殊事件的影响），海螺水泥在 2020 年的市值在 2 260 亿~5 648 亿元。在 A 股海螺水泥的股价约为 51 元（2020 年 11 月 2 日），对应市值 2 706 亿元，静态估值仅有 7. 2 倍，其实是比较低估的。

再次强调，上述估值方法和结论具有很大的主观性，仅为读者提供一个参考。

五、结语与讨论

一方面，由于水泥存在两三百公里的经济运输半径，容易形成市场区域分割。另一方面，在同一市场区域内，由于水泥生产线建设技术门槛低，初始资本投入不大，成本回收期较短，在盈利好的时候，水泥企业的投资回收期仅为一两年。在水泥价格低、盈利差的时候，企业倾向于关停产线而不彻底退出，当价格出现回升时，关停的生产线复产意愿和可能性会非常强。如果仅仅通过市场化竞争去进行产能出清，达到区域性垄断，形成有效规模的护城河，进度将会非常缓慢。因此，将市场手段和供给侧改革的行政手段相结合将会更加有效地去产能，可以大大减少对自然资源的破坏、对社会资本的浪费和对环境的污染。作为产能出清的客观结果，各个市场区域内的大企业都逐渐形成一定的区域性垄断，形成某种程度的有效规模护城河。可以说，这种护城河是市场和行政手段共同作用的结果。随着经济的发展，生活水平的提高，人们会越来越追求青山绿水的环境、清洁的空气，因此，在可预计的未来，供给侧改革的相关政策措施不会放松，这种护城河在某种程度上会长期得以保持。

相信未来若干年，中国城镇化率将继续保持增长，房地产和基建行业仍将保持一定规模，不会大幅降低，因此对水泥的需求也不会大幅下降。海螺水泥未来的发展看点主要在于并购、开发新产品和拓展新市场这三个方面。由于供给侧改革的相关政策，水泥新增熟料线禁入，并购就成为包括海螺水泥在内的各主要水泥企业提升水泥市场占有率的主要方式。拓展新产品方面，海螺水泥在高毛利的骨料上大力扩展产能，虽然目前营收占比还相对很小，但是未来潜力很大。海螺水泥的未来还在于海外市场，特别是对“一带一路”沿线国家、东南亚国家的拓展。这些地区人口众多，基础建设还不够发达，对水泥的需求空间广阔。海螺水泥能否成功地将国内经验进行异国复制，值得投资者关注和期待。

第三节　范尔度假村——滑雪玩家的心中胜地

在本节中，我们将介绍另一个具备有效规模护城河的企业——范尔度假村（Vail Rosorts）。提起范尔度假村，可能很多人并不是很熟悉，但是在全球滑雪爱好者的心目中，那可是度假胜地。

范尔度假村自 1997 年上市以来，股价走势一直不温不火，但是从 2009 年初到现在，却走出了十年十倍的行情，可谓牛气十足（见图 5-4）。下面我们具体进行分析。

图 5-4　范尔度假村的历史股价走势图

资料来源：万得股票。

一、发展历程

范尔度假村由皮特·塞伯特（Pete Seibert）和厄尔·伊顿（Earl Eaton）于20世纪60年代初期在美国科罗拉多州创立。塞伯特是美国陆军第十山地师雪地特战队的退役队员，而伊顿则是较早在科罗拉多阿斯彭（Aspen）山区定居的居民。两人在担任阿斯彭山区滑雪搜救队队员的时候相识，并成为好朋友。

1957年3月19日，伊顿带着他的朋友塞伯特耗费7小时登上了一座人迹罕至的高山。站在山顶上，展现在他们眼前的是广阔无垠的被积雪覆盖的山坡，那简直是个天然的滑雪场。塞伯特被眼前的美景惊呆了，感叹道："我的上帝，我们已经抵达了天堂。"热血沸腾之余，两人决定联手将此地开发成一个滑雪胜地，期待让更多的人领略到它的美，享受到在此滑雪的乐趣。两人分工，塞伯特负责筹资，伊顿负责修建滑索升降机等设施，经过几年的筹备，他们于1962年共同创建了范尔合伙人公司（Vail Associates）。企业运营良好，事业逐渐起步，后来经过一系列人事变动，主导权被企业的一个董事会成员，亿万富翁哈利·巴斯（Harry Bass）控制。

到了20世纪80年代中期，滑雪运动在美国一度变得不太流行，房地产价格也在崩塌，而巴斯和他的子女也在争夺财产，这些内忧外患导致范尔合伙人无法正常经营下去，终于在1985年以1.15亿美元卖给了吉列特（Gillett）控股公司。该企业的老板乔治·吉列特（George Gillett）是个媒体大亨，拥有9家电视台，21家报纸，2个广播电台以及1个肉食包装工厂。吉列特是范尔合伙人的长期会员，酷爱滑雪运动。在收购了范尔合伙人之后，对其从硬件到软件展开了大刀阔斧的改革和投资，确立了"客户为上帝"的服务信条。在吉列特的领导下，企业蒸蒸日上，1989—1991 年连续三年被权威的滑雪杂志评选为北美最佳滑雪场，并在 1989 年主办了世界高山滑雪锦标赛，这是这项赛事从 1950 年起第一次在北美举办。该项赛事的成功举办，使范尔合伙人获得了国际声誉，吸引了国外滑雪爱好者的注意。

尽管滑雪场生意日渐兴隆，但其母公司吉列特控股却由于垃圾债投资失败而破产，不得不将范尔合伙人于 1992 年卖给了私募基金——纽约阿波罗滑雪合伙人基金（Apollo Ski Partners LP of New York）。阿波罗基金随后将范尔合伙人更名为范尔度假村（Vail Resorts），并于 1997 年首次公开募股（IPO）上市。2003 年，阿波罗基金将滑雪场生意分离出去，由阿波罗基金的前高级主管，毕业于沃顿商学院的罗博·卡茨（Rob Katz）来运营。罗博年富力强，于 2006 年成为范尔度假村的首席执行官。

经过几十年的发展，范尔度假村由最初的一片人迹罕至的雪原，逐渐发展成拥有北美最大滑雪度假村的龙头企业，在世界范围也仅有法国的阿尔卑斯集团（Compagnie des Alpes）在规模上能和它相提并论。如今的范尔度假村业务由山地、住宿和房地产三个部分组成，截至 2020 年 7 月 31 日其净营业收入分别占比 80.02%、19.90%和 0.08%。企业经营着分布在美国、加拿大、澳大利亚等地的 10 个世界级滑雪度假村、3 个城市附近滑雪场以及相关配套业务，主要包括缆车门票、滑雪学校、餐饮和零售租赁等，特别是旗下拥有的范尔（Vail）和海狸溪（Beaver Creek）这样以高端、豪华著称的滑雪场地和北美最大的黑梳山滑雪场，每年吸引约 260 万人次的滑雪爱好者到访。企业的住宿业务是在岩石休闲娱乐（Rock Resorts）品牌下拥有或管理着的若干豪华酒店和公寓，房地产业务主要是围绕其度假村的房地产进行开发和买卖。

二、企业特征

接下来我们用对好企业的标准来考察范尔度假村经营的生意成色。

（一）毛利率

范尔度假村的毛利率在2015年之前一直徘徊在20%，但是在2015年以后，其毛利率大幅提升，近年来一直维持在40%以上，超过了我们对好企业毛利率至少要大于30%的门槛要求，具体见表5-14。这家企业的建设项目集中在2009—2014年，在这5年项目的集中建设之后，随着服务设施的完善，售价得以提高，毛利率得到相应改善。

表5-14　2015—2019年范尔度假村的毛利率情况

	2015年	2016年	2017年	2018年	2019年
毛利率（%）	39.01	48.27	42.40	42.80	42.34

资料来源：http：//www.macrotrends.net.

（二）净资产收益率（ROE）

从表5-15可以看出，范尔度假村的净资产收益率随着毛利率的改善也得以改善，2017—2019年都在15%以上，超过了我们对好企业净资产收益率要高于15%的要求。范尔度假村近年来的资产负债率相对稳定，其净资产收益率在2015年之后得以提高主要是由于经营杠杆的释放使净利率显著提高，因此比较健康。

表5-15　2015—2019年范尔度假村的净资产收益率情况

	2015年	2016年	2017年	2018年	2019年
净资产收益率（%）	13.83	14.11	18.77	15.32	17.79

资料来源：http：//www.macrotrends.net.

（三）自由现金流

从表5-16可以看出，2015—2019年范尔度假村的自由现金流一直保持增长，在2019年更是达到4.63亿美元。根据企业在财报中给出的解释，其自由现金流的增长是由以下因素促成的：

（1）经营杠杆的释放——范尔度假村的主营滑雪度假村业务具有很大的规模效应，维护性成本开支基本固定，随着到访游客的增加，其边际成本得以迅速递减，盈利大幅提升。

（2）审慎的资本投资加灵活的资本结构。

（3）合理避税。

表5-16　2015—2019年范尔度假村的自由现金流情况

	2015年	2016年	2017年	2018年	2019年
自由现金流（亿美元）	1.79	3.10	4.03	4.22	4.63

资料来源：公司年报。

从财报中可以看到，范尔度假村的经营现金流一直高于净利润，说明其利润的质量很高，收到的是真金白银。在充沛的自由现金流支撑下，其红利发放也是连年增长。

（四）重复消费性

滑雪被称为“白色鸦片”，有研究表明，滑雪不仅会在心理上给人带来快感，而且连生理上也会让人成瘾。首先，在滑雪时大脑会分泌多巴胺。多巴胺是一种奖励性的神经传递物质，主要负责大脑的情欲和感觉，能使人上瘾。人类的很多活动如吃美食、长跑等都会促进个体分泌多巴胺。其次，滑雪时人体会分泌肾上腺素，让人呼吸加快，心跳和血液流动速度加快，瞳孔放大，也为身体活动提供更多能量，并加快反应速度。随着运动潜能被激发，会让人觉得自己像超人一样无所不能，充满自信。最后，内啡肽也是成瘾的重要“帮凶”。在滑雪结束后，内啡肽就会作为安慰剂释放出来，产生止痛效果和欣快感。可见，滑雪这种活动天然具有吸引人不断参与（重复消费）的特性。

为了有效增加人们到滑雪场消费的频率，范尔度假村采取了多种措施：首先，利用数据分析技术为客户画像，提供个性化促销方案。其次，发放促销季卡。再次，推出 EPIC 一卡通雪卡，使持卡客户可以选择在本地滑雪场或者到全球范围内的多家滑雪场消费，极大地丰富了客户的选择和体验。最后，推出一些非滑雪季（比如夏季）项目，吸引登山、会议、儿童夏令营等客户。从效果上看，范尔度假村的雪卡营收不仅逐年增加，而且在收入构成中的占比也不断增加，可见有越来越多的客户频繁光顾范尔度假村，复购率逐年上升。

（五）定价权

高山滑雪场的生意多年来都没有新的竞争对手产生，仅北美的滑雪场即从 30 年前的 735 个减少到 486 个。范尔度假村经营的滑雪场基本都是高端、大型、具有独特地理位置、自然环境和商业生态成熟的滑雪场，能够给客户提供独特而丰富的一站式滑雪体验。同时，客户群是相对富裕人群，对价格的敏感性相对较低，而对服务体验更为看重，因此范尔度假村的生意具有一定的定价权。比如其推出的可允许客户无限次在所有滑雪场滑雪的 EPIC 雪卡，2009 年的价格为 579 美元，到了 2019 年已经涨到了 949 美元，10 年间涨了 64%，年化涨幅为 5.1%左右；又如其旗下北美最大的滑雪场——位于加拿大的黑梳山滑雪场，在过去 10 年中平均每年提价约 2.9%，却还能保障总体客源人数不断增长。

（六）经济护城河

如前所述，在过去 30 多年里，北美没有新的大型滑雪场建立，因为只有有限的地理环境才适合建立滑雪场；在公共土地上建立滑雪场需要得到政府的许可，这是既费钱又费力的事；建立一个大型的能提供一站式服务的滑雪场及其附属设施投资巨大，且未必能够和拥有多家滑雪场的业内巨头进行有效竞争，因此投资风险巨大。如果某个单一滑雪场运营得好，则难免被行业巨头并购，导致玩家越来越少，对于潜在的竞争者无利可图，因此在某个局部区域少数巨头就容易形成自然垄断，形成有效规模的经济护城河。

三、成功因素

（一）起点占据优势，所辖雪场地理环境优越，服务生态系统完善高端，带来极佳的用户体验

范尔度假村坐落于美国科罗拉多州丹佛以西的落基山脉，包括了范尔（Vail）、海狸溪（Breaver Creek）、基斯通（Keystone）、布莱肯利奇（Breckenridge）四个绵延一体的滑雪小镇，冬季常年降雪充沛，是全世界适合滑雪的地方之一。从丹佛机场出发，只需 90 分钟车程即可抵达，地理位置方便。雪场拥有数百条各具特色的雪道，无论是初学者还是专业选手都能找到适合自己的雪道。其超大的体量，就算在冬季滑雪高峰时节，也不会显得拥挤。

范尔度假村设施极其完善，服务周到。配有加热座椅和 Wi-Fi 的高速缆车，每小时可运载 6 万人，让游客免于排队；每天早晚巨大的轧雪车都会把雪道压实；小镇所有的街道下都铺设了地热管线，不会有任何积雪。专业的滑雪学校素以教学质量和趣味性著称，可以让家长放心地把孩子交给学校，免除了后顾之忧，无论是家长还是孩子，都能享受到雪上运动的乐趣。世界各种口味的美食餐馆、各种档次的酒店公寓、五花八门的娱乐场、各式各样的精美商铺布满小镇，加之丰富多彩的夜生活，构成了完善的服务生态系统，可以满足客户的各种需求，给客户带来极佳的用户体验，即使不滑雪，也能让人徜徉其中，流连忘返。多年来，由范尔和海狸溪这样具有优越地理环境的滑雪场起步，范尔度假村逐渐发展到拥有北美顶级滑雪场前六名中的五家。

（二）产品创新、科学营销

范尔度假村于2009年创造性地推出了允许客户以可承受的价格无限次在其所有的滑雪场滑雪的EPIC雪卡，可在全球4大洲、8个国家、79座雪山实现一卡通行，包含了北美各大雪山、世界级滑雪胜地范尔、海狸溪、黑梳山等，还包括加拿大、澳大利亚、法国、瑞士、奥地利以及日本的众多与范尔度假村合作的雪场。一开始投资者对这种创新性的产品表示怀疑，因为这种可无限次滑雪的雪卡仅售579美元，而单次滑雪票就可能超过100美元。之后的事实证明，EPIC雪卡取得了巨大的成功，为范尔度假村吸引了大量的客户，其收入也不断增长。此外，由于滑雪活动往往涉及长途旅行，休假多日，在时间和金钱上的代价都相对高昂，因此不是冲动型消费，客户在消费决策前需要考虑时间、花费、天气、吃住行等多种因素，决策过程较长，对滑雪场营销的水平要求很高。相应地，范尔度假村还特别注重对用户数据的分析，进行个性化营销，向每个潜在客户推出定制化产品和服务，从而引导客户的消费决策和消费行为，这种科学的营销手段在业界是很先进的。

（三）优秀的管理，不断并购优质资源，丰富可提供的产品服务种类

范尔度假村从科罗拉多州的范尔滑雪场起步，不断并购优质资源，丰富旗下的产品和服务种类，如今在美国、加拿大、澳大利亚等地拥有10个世界级滑雪场。一个典型的并购案例是其2016年并购了北美最大的滑雪场——加拿大的黑梳山滑雪场。

其实以上总结的范尔度假村的成功因素都离不开其现任董事长兼首席执行官罗博·卡茨。其凭借过人的领导力、创造力和前瞻性，带领着范尔度假村极大地改变了滑雪行业的格局和面貌。

四、估值

从行业的发展趋势来看，滑雪场生意在逐渐走向集中——过去30多年没有新的玩家进入，中小滑雪场逐渐倒闭出局或被并购，滑雪场数目从700多家减少到400多家，而这一趋势仍在进行中。作为行业龙头的范尔度假村也通过一次次并购，将北美乃至世界上顶级的滑雪场一个个地收入麾下，截至目前，北美顶级的6家滑雪场，范尔度假村就拥有5家，垄断优势越来越明显，体现出强者恒强的竞争态势，经济护城河越来越宽。

另外，随着经济的发展，人们生活水平的提高，对雪上运动的需求和消费也会逐渐增加，因此范尔度假村的生意也会越来越好，加之其已经被历史证明的提价能力，会使其量价齐升。此外，范尔度假村的滑雪生意还具有很大的规模效应，维护性成本开支基本固定，随着到访游客的增加，其边际成本会迅速递减，盈利大幅提升，这使得范尔度假村的自由现金流一直保持增长，2019年达到了4.6亿美元左右。给这一具有永续性、高确定性的企业20~30倍的估值都算合理。假设没有新冠肺炎疫情的影响，其2020年的自由现金流有同比5%的增长，那么自由现金流约为4.6×1.05=4.83亿美元，合理市值应该在96亿~145亿美元。由于受新冠肺炎疫情的影响，假设会损失两年的自由现金流（约10亿美元），其合理市值应该在86亿~135亿美元。

再次强调，上述估值方法和结论具有很大的主观性，仅为读者提供一个参考。

五、结语与讨论

展望未来，尽管在局部地区范尔度假村可能独家或和其他少数几个业内巨头形成了自然垄断，构建了有效规模的护城河，多年没有新的玩家进入，然而范尔度假村在整个北美滑雪场的生意占比中仍不足20%，其未来并购拓展的空间还很大。作为投资者，我们要关注并购资产的质量和价格如何，看管理者是否在做正确的事情。

此外，雪上运动作为一种比较昂贵的消费，受宏观经济周期的影响较大。虽然范尔度假村的客户群体相对高端，对价格相对不太敏感，但不可忽视的是，当宏观经济不好时，范尔度假村的生意会受较大影响。这一点，我们也要做到心中有数。

最后，必须要提到的就是始于2019年末一直延续至今的全球新冠肺炎疫情，对世界经济产生了很大的影响，更是对范尔度假村这样的旅游娱乐业造成了直接打击。按照现在疫苗研制的速度，预计2021年上半年即可上市，新冠病毒的传播流行可望受到控制，范尔度假村的生意有望逐渐恢复。在这场危机中，很多小的滑雪场资金断裂，可能会给范尔度假村以新的并购机会。这些可能的变化，值得范尔度假村的投资者密切关注。

第六章

综合优势

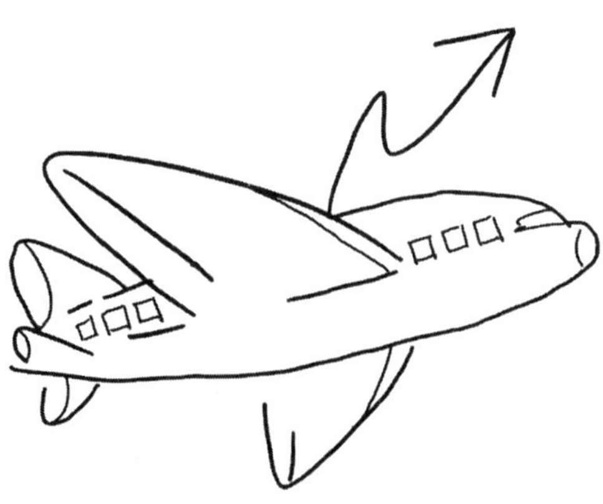

在之前的章节中，我们讨论过多种好企业的经济护城河类型，譬如品牌效应、有效规模、网络效应、高用户转换成本等。需要指出的是，很多企业的护城河并不是单一的，比如腾讯控股，既有网络效应，同时也具备高用户转换成本，只不过网络效应是其最典型的护城河，因此我们就把腾讯控股放在“网络效应”一章中加以阐述。

在本章中，我们将要讨论的企业经济护城河比较特殊，这种经济护城河不仅具有多种特征，比如同时具备极高的资金门槛、技术门槛、政策门槛等，而且这些特征都几乎同等重要，很难用一个单一的“典型”特征来概括，我们将这种经济护城河的特征定义为“**综合优势**”。本章我们就来讨论两个具有“综合优势”的好企业。在其他章节，我们通常会以两个 A 股上市公司和一个美股上市公司为例来分析。但 A 股没有较为符合我们定义的具有“综合优势”的企业，因此本章拟分析的两个案例均是在美股上市的企业。

第一节　波音——深陷危机的航空制造霸主

提起波音的大名，几乎家喻户晓。波音是全球最大的航空航天公司，和空中客车一起垄断了全球大型民用客机市场。不仅如此，波音还是仅次于洛克希德·马丁公司的世界第二大军火贸易商。此外，波音还是美国最大的制造出口商，为分布在全球 150 多个国家和地区的航空公司和政府客户提供支持。

波音于1962年1月2日在纽交所上市，有人计算过，如果当天买入500美元的波音股票，此后执行分红再买入策略，那么截至2019年11月15日，当年的500美元就会变成126.8万美元，上涨2 536倍，年化增长率逾14%，可谓不折不扣的长线大牛股。

波音近期由于安全问题接连引起了两起空难，导致其主力机型波音737Max被勒令停飞，股价下挫，加之新冠肺炎疫情导致航空公司停飞，需求骤减，引发现金流短缺危机，可谓雪上加霜，其市值一度跌去了高峰时期的75%（见图6-1）。本节我们来分析一下波音是否还有望重返巅峰？

图6-1　波音的历史股价走势图

资料来源：万得股票。

一、发展历程

波音创建于1916年，是全球最大的航空航天业公司，也是世界领先的民用飞机和防务、空间与安全系统制造商，以及售后支持服务提供商。

波音的产品以及定制的服务包括：民用和军用飞机、卫星、武器、电子和防御系统、发射系统、先进信息和通信系统，以及基于性能的物流和培训等。

波音公司的总部位于芝加哥，在美国境内及全球超过 65 个国家和地区共有员工 15.3 万人。波音起家于军用飞机制造，在“一战”期间为美国海军提供教练机，攫取了第一桶金，奠定了其飞机制造商的地位。“一战”结束后，军用飞机需求骤降，波音开始生产邮政飞机和民用客机，其中，世界首驾具有加仓客舱的民航机波音 307 在商业上取得了巨大成功。

“二战”期间，波音生产的 B-17 轰炸机因飞行距离长、载弹量大而备受美军青睐，后来更是生产出迄今为止唯一实战中投放过原子弹的 B-29轰炸机。战后，波音又继续开发出了著名的 B-52 战略轰炸机，在越南战争，甚至海湾战争中都有广泛使用。

20 世纪 50 年代，波音推出了自己的首款喷气式飞机——波音 707，其采用了后掠翼、发动机吊舱等新式设计，是世界上第一款取得成功的喷气民航客机，并因此支配了六七十年代的民航市场，开启了“喷气时代”，使波音取代麦克唐纳·道格拉斯（麦道）成为世界最大的民航飞机制造商之一，并在之后发展出各种型号的 7×7 喷气式飞机，其中波音 737 是全世界被广泛使用的中短程窄体民航客机。大家经常在电视新闻、影视剧中看到的美国总统乘坐的专机“空军一号”即是由波音 707 以及波音 747-200B 特殊机型改装的。

1970 年欧洲的空中客车成立，其成长迅速，给美国的波音和麦道带来很大竞争压力。1997 年波音并购了具有多年历史的飞机制造商麦道，至此，全球民用大型客机市场的双寡头格局形成。

波音下设三个业务部门：民用飞机集团，防务、空间与安全集团，以及波音全球服务集团。此外，还有一个波音金融公司，负责支持这些业务集团。民用飞机集团负责开发、生产、销售民用飞机以及提供相应的技术支持服务，这部分业务的销售收入通常占整个集团销售收入的一半以上。防务、空间与安全集团从事研发生产军用飞行器、武器系统、信息系统以及空间卫星等，其主要客户是美国国防部以及通过美国国防部采购的国外政府客户，这部分业务的销售收入通常占整个集团销售收入的1/4左右。波音全球服务集团主要负责给军民客户提供技术服务，这部分业务的销售收入通常占整个集团销售收入的1/6左右，这部分业务的毛利率相对高些。波音金融公司主要业务是为购买波音产品的用户提供金融解决方案，这部分业务的销售收入在整个集团的销售收入中的占比较低。

2018年波音的销售收入曾经达到575亿美元，2019年由于受到737MAX停飞事件的影响，民用飞机集团的销售收入同比下滑44%，拖累整体销售收入同比下滑26%，只有323亿美元。

二、企业特征

下面我们进一步考察波音的生意，看看其是否满足我们定义的好企业的标准。

（一）毛利率

表6-1是2015—2019年波音的毛利率变化情况，我们可以看到，除了2019年因受到737MAX停飞事件影响，毛利率下滑到个位数以外，其余年份基本都保持在15%~20%。有人可能会问，不是说好企业的毛利率至少要达到30%吗？按这个标准，波音不能算好企业啊。的确，波音的毛利率是没有达到要求，但是考虑到波音出售的主要商品是单价高达上亿美元的飞机，15%~20%的毛利率在绝对金额上已经很高了，不能

仅凭毛利率未达到30%这一指标就判断其不够好。在下文对定价权的阐述中，我们会就此继续讨论。

表 6-1　2015—2019 年波音的毛利率情况

	2015 年	2016 年	2017 年	2018 年	2019 年
毛利率（%）	14.66	15.54	18.58	19.49	5.91

资料来源：http://www.macrotrends.net.

（二）净资产收益率（ROE）

表 6-2 是 2015—2019 年波音的净资产收益率情况，我们看到波音的净资产收益率高得惊人，从 2015 年的 81.70%，一路飙升到 2018 年的 3 085.55%，只是在 2019 年受 737MAX 停飞的影响业绩亏损，数据变成了负数。

表 6-2　2015—2019 年波音的净资产收益率情况

	2015 年	2016 年	2017 年	2018 年	2019 年
净资产收益率（%）	81.70	599.14	2 309.01	3 085.55	负数

资料来源：http://www.macrotrends.net.

为什么波音的净资产收益率会如此高呢？我们知道，净资产收益率=销售利润率×总资产周转率×财务杠杆，从前文可知，波音的毛利率并不高，因此净利率也不会高，那么，我们再分别考察波音的总资产周转率和财务杠杆。

由表 6-3 可知，在 2019 年之前，波音的总资产周转率都在 1.0 左右，对于飞机制造这样一个重资产的行业，能达到这样高的周转率实在是很不容易的。那波音是怎么做到这么高的运营效率的呢？我们将在后面的“成功因素”中加以分析。

表 6-3　2015—2019 年波音的总资产周转率情况

	2015 年	2016 年	2017 年	2018 年	2019 年
总资产周转率	1.0	1.0	0.9	0.9	0.6

资料来源：http://www.macrotrends.net.

提高运营效率是很不容易的，提升的幅度也是很有限的，那么要想大幅提高净资产收益率还得靠提高财务杠杆——增加负债，同时减少股东权益。

由图 6-2 可知，波音的债务逐年提高。这主要是因为波音的生意具有极高的门槛，产品供不应求，订单都排在五六年之后了，因此银行愿意给波音这样的企业放贷。同时，近年来美联储实施低利率的量化宽松政策，让包括波音在内的很多企业也有动力去借贷。值得注意的是，在波音的总负债中，有超过一半是来自客户的预收款和应付款，这部分相当于是无息借款，体现了波音对产业链上下游较强的掌控能力，能够形成占款。这一点很像 A 股的格力电器。

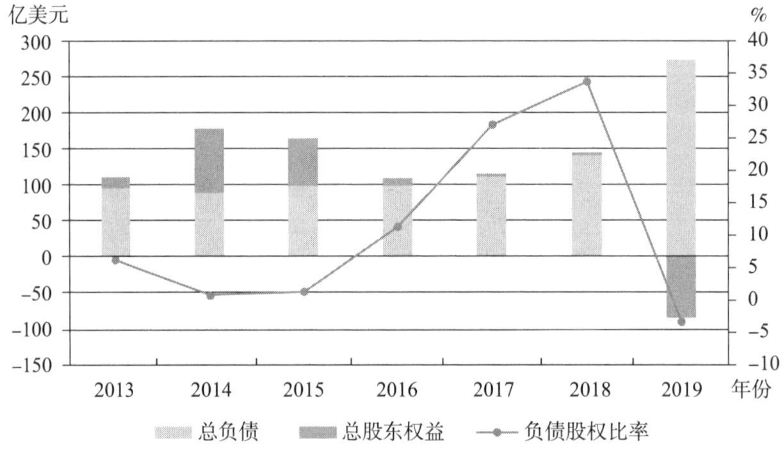

图 6-2　2013—2019 年波音负债股权变化情况

资料来源：公司年报。

除了逐年提高借贷，波音从 2013 年起开始大规模回购股票，截至 2019 年一共回购了 434 亿美元的股票，具体见图 6-3。购买公开市场上流通的股份，减少流通股数量，这样即使实际盈利能力不变，也能推高每股盈利（每股盈利 = 盈利/总流通股份），在市场估值水平不变的情况下，可以推高股价和市值。由于管理层的薪酬和奖金往往在很大程度上与企业在资本市场上的表现挂钩，因此管理层容易具有回购股票的冲动。

除了回购股票，波音近年来还不断增加分红，从 2013 年第一季度到 2019 年第一季度，波音的现金股息分红累计达到 174 亿美元，相当于同期利润总额的 42%。

波音在逐年提高债务的同时，股东权益还由于股票回购和发放股利而逐年减少，导致负债股权比率一路走高，这成为波音近年净资产收益率一路暴涨的主要原因。

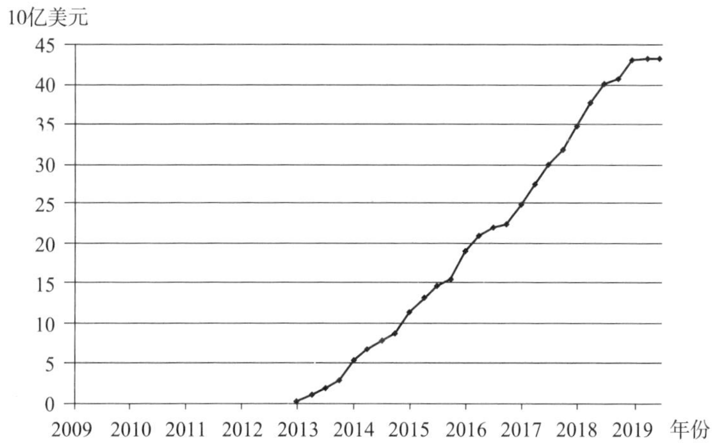

图 6-3 2009—2019 年波音的股票回购情况

资料来源：http：//www. ychart. com.

对于波音的股票回购和发放股利的行为，我们在本节文末会做进一步讨论。

（三）自由现金流

由表 6-4 可知，2015—2018 年波音的自由现金流节节升高，特别是 2018 年因美国实施的减税法案而暴增至 137. 20 亿美元，只是在 2019 年由于受 737MAX 停飞事件影响，自由现金流转负。相信在未来，随着 737MAX 复飞以及新冠肺炎疫情过去，波音的现金流将逐渐得到改善，甚至在几年后有望恢复到巅峰时期的强劲状态。

表 6-4　2015—2019 年波音的自由现金流情况

	2015 年	2016 年	2017 年	2018 年	2019 年
自由现金流（亿美元）	69.55	79.21	116.99	137.20	-39.46

资料来源：http：//www.macrotrends.net.

（四）重复消费性

从需求端看，随着全球经济的发展，人们生活水平的提高，乘飞机在人们的出行方式中变得越来越普遍，因此客机市场长期需求向上。从供应端看，波音和空中客车则占有绝对主导地位，呈现双寡头格局，产品供不应求，甚至需要先付订金然后再排队等 5~8 年才能拿到货。一旦某家航空公司购买了波音的飞机，就不可能只买一架，否则人员培训、配套设施的高昂成本将无法摊薄而失去经济性。此外，由于飞机是一种非常复杂的产品，客户在购买飞机之后，还会多年购买相应的技术支持服务。因此，波音提供的产品和服务具有很高的重复消费性。

（五）定价权

在前文中，我们看到波音的毛利率虽然不足 30%，但是多年基本稳定保持在 15%~20%，考虑到波音的主要产品是单价动辄八九千万美元，甚至高达数亿美元的大型客机，以这样的毛利率水平，获得的绝对毛利额是相当可观的。

看到这里，可能有人会问了，在上一节，阿斯麦的 EUV 高端光刻机也是上亿美元一台，为何毛利率还可以做到 40%以上呢？那是因为 EUV 高端光刻机面向的是非常小众的用户群体，少数大的半导体晶圆厂家才有这种需求，此外，生产、安装、调试每个环节都格外复杂，无法大规模生产、交付，因此适合采用“厚利少销”模式。相对地，民用客机的需求则是非常广泛的，如果毛利率定得太高，会导致单价过高，从而大大抑制需求。因此，波音采用的是“薄利多销”模式。两种模式实际上殊途同归，追求的都是企业利润的最大化。

另外，波音还有一家旗鼓相当的竞争对手——空中客车。在双寡头市场中，寡头中的任何一个要打击另一个都会付出很大的代价，而联合对方，共同垄断市场，则双方都会过得比较舒服，符合双方的利益。所谓斗则两败，合则两利。因此明智的做法是彼此心照不宣地合作，一方面不搞价格战，另一方面也不会单方面大幅涨价，把市场份额让给对手，而是会和对手一起维护一个适当价格，既保障自己有足够的利润，也不给市场上潜在的其他竞争对手留下巨大的利润空间。

从以上分析可以看出，波音有着适度的定价权，足以维持一个稳定的利润空间。

（六）经济护城河

同前面介绍过的阿斯麦一样，波音的经济护城河也很难用一个单一的特征来概括，它具有多方面的特征，即本书所定义的“**综合优势**”。

1. 波音具有极高的资金门槛

这是一个需要投入大量资金、具有极高风险的行业，一个机型的研发投入动辄就要几百亿美元，耗费数年时光，一旦失败，代价巨大。波音最近每年投入到研发上的费用平均都在 32 亿美元左右，而所做的研发还主要是对既有机型的改造，而非新机型的开发。当年波音在开发 737 系列飞机时所投入的巨额资金，经过了 20 年才全部收回，这还幸亏 737 是波音历史上最成功的机型。新机研发具有极高的风险，一旦失败，或者哪怕仅仅是研发出来的产品市场响应不如预期，都很容易遭受巨额损失。

2. 波音具有极高的技术门槛

毫不夸张地说，航天航空器，特别是大型客机是人类智慧的结晶，工业界皇冠上的明珠。人类科技发展到今天，应该说造个飞机上天并不难，但是要研制一架高性能、低油耗的飞机就不容易了，如果再加上需要保证极高的安全可靠性，同时还要具备经济性，那可就是难上加难了。大型客机由数百万个零件构成，研制、生产、组装、交付都极其复杂，需汇集各种学科的最新研究成果，需要完整的工业体系分工协作支撑才可能搞出来。

3. 波音具有极高的行政牌照门槛

飞机制造商的新机型要想在全球市场上投放，必须要得到欧洲航空安全局（EASA）和美国航空管理局（FAA）颁发的适航证，而且还需要获得进口国家相关监管部门的许可证明。大型客机的安全性涉及千千万万乘客的生命，容不得半点马虎，适航证的规定极其严格，拿到适航证极其困难，需要耗费多年时间，是一个漫长的过程。例如空客 A320-100 用了 6 年时间才拿到适航证；波音 737-700 项目尽管受益于前期波音 737 系列多个型号的经验，还是用了 4 年才获得适航证。

除了生产民用客机，波音还是世界第二大军火制造商，其主要客户是美国国防部和通过美国国防部采购的一些国外政府客户。军品生产涉及国家的国防安全机密，具有极其严格的行政、法律准入条件，对外部竞争者是完全封闭的。

4. 波音具备很高的供应链管理门槛

一架波音客机由 300 万~500 万个零部件组成，由 1.5 万家供应商供应，从研发到生产、物流交付各个环节都涉及成千上万人的分工协作，需要极强的供应链管理能力，才能管理协调好这个庞大的生态系统，让整个系统顺利运行。这具有极高的门槛，需要经过数年的积累、筛选、磨合、淘汰才可能做到，因此这也是构成波音“综合优势”经济护城河的重要元素之一。

从以上分析可以看出，波音具有多方位的综合优势经济护城河，除了举欧盟之力组建的空中客车之外，很难有新的竞争对手出现。这就不难理解，当今世界上能生产军用飞机的国家有十几个，能生产民用飞机的国家有五六个，而能生产大型客机的就只有美国、欧洲、俄罗斯，而能够成功进行商业化的，目前就只有美国和欧洲。在可预计的将来，只有中国可能跻身于这个俱乐部，不可能出现很多家竞争的情况。

三、成功因素

波音由一个不懂航空技术的木材商创建，历经百年发展成世界航空制造业的老大，其成功的主要因素在于**持续创新，与时俱进，几个关键历史时点上都做对了事情**。

波音公司的创始人威廉·爱德华·波音本来是一个子承父业的木材商，1909 年他在西雅图一个航空博览会上第一次看到有人驾驶的飞行器，从此便开始对飞机产生了浓厚的兴趣。1916 年 7 月 1 日，波音和毕业于美国麻省理工学院航空工程专业的美国海军技师乔治·康拉德·韦斯特维尔特在西雅图共同创立了太平洋航空器材公司。公司的第一架飞机为搭载双浮筒的“B·W-1”型水上飞机，但是潜在客户美国海军部经过试飞测试，发现该型号飞机有某些故障而不愿意订货。1917 年，韦斯特维尔特因返回海军参加欧战而离开西雅图。波音于 1917 年 4 月把这家公司改名为波音飞机公司。通过韦斯特维尔特，波音找到了他在麻省理工学院的同学，一名叫王助的中国留学生，聘任他作为波音公司的第一个航空工程师。没想到，大名鼎鼎的美国波音公司的第一位航空工程师是位中国人。王助早年毕业于烟台海军水师学校，后来被清政府派去英国学习机械工程，在德兰姆大学获得科学学位，之后又被派往美国深造，于 1916 年在麻省理工学院航空工程系获得航空工程硕士学位，应聘在美国飞机工厂工作。1917 年，王助被波音聘为工程师后，对“B·W-1”型飞机进行了多次改进，设计出双浮筒双翼的“B&W-C”型水上飞机，成功地通过了试飞。美国海军部认为这种飞机兼具巡逻艇和教练机的双重功能，一次就订购了50架，这是新成立的波音公司赚到的第一桶金，其从此开始站稳了脚跟，为日后逐步发展成为世界上最大的飞机制造公司奠定了基础。

在“一战”结束后，军用飞机的需求一下子骤减，而民航业仍未开始发展，当时对飞机的需求主要来自邮政业。这时波音又推出C型机的最终版本C-700，在美国西雅图与加拿大温哥华之间开展世界首次国际邮政事务。渐渐地，邮政业务需求不断扩大，波音也接着开发出4DA型等更现代化的飞机来使用。

“二战”期间，波音成为世界头号轰炸机制造商，先后为美国政府生产了大量B-17飞行堡垒式轰炸机、B-29超级堡垒轰炸机。

“二战”结束后，飞机的主要需求又转向民用。当时航空界大多以活塞发动机作为飞机引擎，喷气式引擎的理论虽然早就有了，但是航空界普遍对喷气式引擎的高昂成本在态度上比较消极，然而波音却笃信喷气式飞机未来可期，自1952年起投入1 600万美元来研发喷气式飞机。1957年，波音开发出划时代的波音707喷气式客机，虽然707并非世界上首款喷气式飞机，但却是世界上第一款取得成功的喷气式民航客机。由于比以往的螺旋桨飞机能提供多达两倍的运量以及两倍的飞行距离，波音707使长距离的高速空中旅行得以实现，让大众能够更方便地前往海外旅行，因此受到了广泛的欢迎，取得了巨大的成功，迅速统治了20世纪六七十年代的民航市场，开启了“喷气时代”，也让波音公司取代了麦道公司，成为最大的民航飞机制造商。在那以后，波音发展出的波音727、737和757等各个型号也都是以707机身为基础的。

不仅在民用领域，在军用领域，波音也同样展示出强大的创新能力，开发出了F-18大黄蜂、F-15鹰、F-22猛禽、CH-47支奴干、AH-64D阿帕奇、V-22鱼鹰等军迷们耳熟能详的著名战机，以及鱼叉反舰导弹、SLAM导弹等。

此外，波音还把业务拓展到人造卫星等航天领域，也取得了很多骄人的成就。

从以上简短的对波音历史的回顾，我们可以看到，波音始终勇于技术创新，在关键的几个历史时点上做对了事情，开发出了满足当时需求的产品。从民用技术到军用技术，从航空技术到航天技术，波音在众多领域拥有深厚的技术底蕴和强大的科技创新能力，始终以开发出高品质、高性能、高安全性的产品为己任，这让波音历经百年，一路战胜各种竞争对手，直至今日取得世界航空航天界的翘楚地位。

但是，2018 年和 2019 年，印度尼西亚狮子航空和埃塞俄比亚航空分别有一架机龄不足半年的波音 737MAX 在起飞阶段失事坠毁，导致数百人丧生。两次事故均疑似因为迎角传感器故障或机动特性增强系统过度反应，导致飞行员与计算机导航恶性对抗，最终使飞机失速坠毁，这使多国民航主管部门和航空公司担忧该客机的安全性，而勒令停飞波音 737MAX。有种说法是，自从 1997 年波音兼并麦道后，以产品质量安全为第一的企业文化逐步被以股东利益最大化的企业文化所代替，这场世纪并购是波音走向平庸的起点。在合并麦道的 20 多年时间内，真正推出的全新飞机只有波音 787 一款。737MAX 是被竞争对手空中客车倒逼出来的升级产品，仅用三个月时间就拿出了改造方案，仓促上马的结果就是后来的安全事故。

这两起事故让人们有理由质疑，如今的波音是否真的丢掉了勇于创新、以质量和安全为导向的宝贵传统。没有犯过错误的企业是不存在的，如果外界的这种质疑和 737MAX 机型惨遭停飞的挫折能让波音新的领导人好好思考未来，回归到重视质量、勇于创新、重视研发投入的传统，那么相信波音终究会重新崛起，再续成功。具有强大护城河的企业相对普通企业更“耐造”，更具生命力。

四、估值

先不考虑新冠肺炎疫情的影响，波音在2018年的自由现金流已经达到了137.2亿美元，保守地假设，以5%的增长速率增长到2020年，那么2020年的自由现金流能达到151亿美元。对于波音这样的生意，估值在15~20倍比较合理。那么2020年波音的合理市值应为2 265亿~3 000亿美元。考虑到新冠肺炎疫情的影响，假设到2024年才能恢复到2018年的盈利水平，再假设2019—2024年，以每年140亿美元计的自由现金流全部损失（总计700亿美元，忽略折现率），那么2020年波音的合理市值应该在1 565亿~2 300亿美元。

我们看到除了2019年受波音737MAX停飞事件的影响，波音在过去的经营现金流和自由现金流都是稳步增长的。目前，受新冠肺炎疫情影响，各大航空公司普遍停飞，整个航空业遭受重大损失，波音在疫情、停飞事件、财务杠杆过大三重不利因素的共振下，出现了运营现金流有可能告罄的重大危机，引发了市值暴跌，一度甚至跌到500多亿美元。仅从估值上看，目前价位很具投资价值。但是投资风险在于，如果在波音的现金流无法支撑，有可能通过增发新股或新债的方式引入外部资金续命，使原股东股权遭到极大稀释，这种投资风险还是不小的。因此，目前波音的估值受到较大的经营风险压制，何时能有起色，取决于新冠肺炎疫情多久才能在全球范围内结束。

波音这样具有综合优势经济护城河的企业，除了自身经营上的风险（比如飞行事故引起的停飞、自身财务杠杆过大等）之外，还有来自同行的竞争压力。在目前双寡头的竞争格局下，来自空中客车的竞争压力虽然有，但是可控，因此实际竞争风险并不大。在可预见的未来，最多仅有中国的大飞机有可能构成对当前双寡头格局的挑战，但是未来的航空市场空间足够大，即使双寡头变成三巨头，市场也能容纳得下，大家的日子一定也能过得不错。

波音的主要风险还是来自宏观经济的不景气，导致航空出行需求减少。不过从长远看，人类社会总是在进步，经济总体向好，对航空出行的需求空间还很大，因此波音未来的发展在总体向上的趋势中，会随着宏观经济的起伏而起伏。

五、结语与讨论

由于新冠肺炎疫情在全球扩散，引起各国封城锁国，航空业受到前所未有的冲击，绝大多数航线停飞，作为航空业上游企业的波音，所受的冲击更是首当其冲，股价随着市场的下跌而暴跌，低点市值仅为500多亿美元，约为历史峰值的25%，足足跌去了75%，可谓惨烈。这时，普遍有种舆论批评以波音为代表的美国大企业，在过去的一些年中，热衷于把赚取的利润进行股票回购和分红，而忽视了必要的技术研发投入，甚至在量化宽松政策所导致的极低利率的情况下，把利润分光了还觉得不够，更进一步举债分红和回购股票，导致企业负债率很高，账上没有足够的资金，面对冲击，现金流告急，企业一下子被推到了可能破产的边缘。首先，我们来看看这种说法是不是有道理？

前文也提到，波音自2013年起，年年都回购自家的股票，到2019年仅回购就花了近450亿美元。此外，在回购股票的同时，还不断分红，比如2016—2019年分别分红了27亿美元、34亿美元、39亿美元和46亿美元，总计146亿美元，而同期用于商用飞机的研发投入只有141亿美元。

据说，波音管理层对于推出一款新飞机取代逐渐老去的737始终犹豫不决，直到对手空中客车抢先一步推出了新一代A320NEO，并从波音最忠诚的顾客美国航空手中拿下260架订单时，波音才匆忙应战。波音的决定是，在已有的生产平台上推出737家族的第四代产品MAX系列，仅用三个月时间就拿出改造方案。为在燃油效率上和空中客车对抗，737MAX 换上了更大、更省油的发动机，但受机身的限制，发动机被迫往前提，导致飞机在起飞时可能有失速风险。波音给出的解决方案是在飞机上安装传感器来判断飞行过程中是否抬头过高，通过机动特性增强系统（MCAS）避免飞机俯冲。但是，这套机动特性增强系统并没有让飞机更安全，恰恰相反，根据目前初步的调查结果，传感器读取数据错误引发的系统失灵被认为是两起空难事故发生的主要原因。

波音不仅在新飞机上的研发投资减少了，在合并麦道的 20 多年内，真正推出的全新飞机只有波音 787 一款。在推出波音 787 和 737MAX 之后，波音一直在谋划推出一款中等型号的全新机型，从而弥补 787 和 737 之间的市场空白，但董事会一直没有拿定主意。在 2019 年举行的巴黎航展上，竞争对手空中客车正式推出了新款机型 A321XLR，这款飞机的飞行里程可以达到 8 704 公里，最多可以容纳 244 名乘客，瞄准的目标正是波音 787 和 737 之间的市场空白。截至 2019 年年底，空中客车这款飞机在全球获得的承诺和意向订单超过 450 架。当然，比起丢掉潜在的订单，安全事故是比研发投入不足更严重的后果。

波音这些年的分红有其合理性，因为波音的生意产生现金流的能力很强，近年来每年都能产生多达上百亿美元的现金，除了用于必要的运营维护、对未来的研发投入以及保留一定的现金以备不时之需外，应该还能剩下不少现金，这些现金以分红的方式发给股东是本分的事。我们通常看到的可能是相反的例子，那就是企业的管理层盲目扩大生意，搞多元化并购、投资等，把企业的很多资金打了水漂。因此，波音的分红行为本身无可指责，只是到底该分多少可以商榷，若是通过举债分红，使企业的财政杠杆加大，抗经营风险的能力降低，则不妥当。

关于波音的股票回购，问题可能更大些，一般只有当企业的市场价值受到严重低估时，企业回购股票才是比较合理的措施。这些年，在美股牛市的背景下，波音的股价并不存在明显低估，因此在这种情况下，管理层还不断地耗用资金甚至不惜举债回购股票，这就很不适当了。特别是股票回购的行为往往会给市场传递一个股票遭受低估的信号，因此在股票并未明显低估的时候回购，有误导市场的嫌疑，这不是本分的行为。

那么一个企业到底该如何处理自由现金流呢？可能没有所谓的“客观”标准。一方面，如果一个盈利能力很强的企业让“大笔”的现金长期躺在账上蓄积，不分红也不在股价被严重低估的时候回购股票，那肯定不合适。另一方面，如果把账上现金大多通过分红回购分掉，使企业抗击风险的能力变弱，那么肯定也不合适。

这次新冠肺炎疫情引发的全球绝大多数航线运营停摆是史无前例的，波音难道早就储备了足够应付这样百年不遇危机的现金吗？在不知道事态如何发展的情况下，多少现金才是“足够”的呢？

因此，一个企业账上的现金到底应该分多少，留多少，准备扛多大的风险？都没有一个客观的标准，只能回头评判是否合适。但是作为投资者，我们在选择投资标的时，应该根据企业的商业模式、经营态势、管理层的具体情况来选择那些对现金处理“合适”的企业，财务杠杆较高的企业，保持足够的警惕。如果确定不了风险大小，那么宁可错过，不可投错。

波音的生意仍然具有广阔的市场空间，根据空中客车不久前发布的2019—2038 年全球市场预测，未来 20 年，市场需求量为 39 000 架客运和货运飞机。根据波音自己发布的 2019 年《民用航空市场预测》，包括中国在内的亚太地区将继续引领未来航空市场增长，从目前至 2038 年，亚太地区的飞机交付量将达 17 390 架，服务市场将达 34 800 亿美元。北美和欧洲地区的飞机交付量紧随其后，分别为9 130架和 8 990 架，服务市场分别为 19 800 亿美元和 18 650 亿美元。未来 20 年，波音预测民用航空服务市场的规模将达到 9. 1 万亿美元，年均增长率为 4. 2%。全球民用飞机需求加上 9. 1 万亿美元的航空服务需求，整个民用航空市场将达

16 万亿美元的规模。由于波音的“综合优势”护城河非常强大，相信当前短期的危机并不会将波音彻底击垮。在经历阵痛蜕变后，波音应能凤凰涅槃，重新在谷底爬起，长期趋势依然向好，未来依旧是星辰大海。

第二节　阿斯麦——全球光刻机的“独孤求败”

自 2019 年中美贸易战以来，一种叫“光刻机”的设备逐渐被大众所熟知，其背后的制造商阿斯麦的名字，也常常出现在媒体上。让我们走进这家企业，看看它有什么神奇的地方。

首先来看看阿斯麦在资本市场上的表现。

阿斯麦自 1995 年在纳斯达克公开上市以来，市值在 25 年中增长了 100 多倍，年化收益率 20%左右，是个不折不扣的长期大牛股(见图 6-4)。接下来，我们探究一下其股价长期走牛的奥秘。

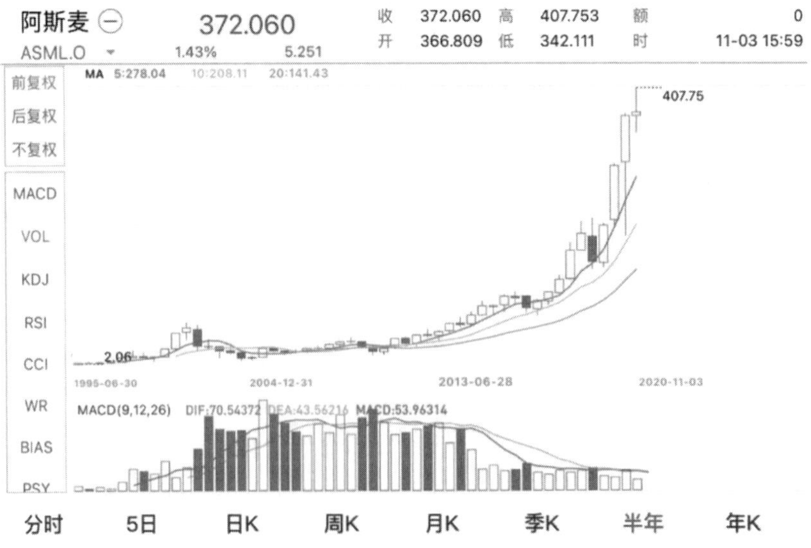

图 6-4　阿斯麦的历史股价走势图

资料来源：万得股票。

一、发展历程

阿斯麦是一家总部设在荷兰的生产光刻机的企业，1984 年由飞利浦和先进半导体材料国际公司（ASML）合资成立。经过 30 多年的发展，目前已成为全球最大的半导体光刻机设备及服务提供商，拥有 2 万多名员工，办公地遍布全球 16 个国家，年销售额逾百亿美元，其发展历程如表 6-5 所示。

表 6-5　阿斯麦的发展历程

年份	ASML 发展历程大事记
1986	推出 PAS 2500 步进式光刻机
1991	推出突破性平台 PAS 5000
2000	推出双晶圆台技术
2003	推出业界首款浸入式光刻机，奠定高端市场龙头地位
2007	推出 TWINSCSN NXT：1950i 浸入式光刻系统，市场份额进一步扩大
2008	佳能逐步退出芯片光科技市场，尼康芯片高科技部门持续亏损
2010	与台积电开展 EUV 技术研究，逐步垄断高端光刻机市场
2012	三星、英特尔和台积电共同注资，加速开发 EUV 技术
2017	EUV 光刻机商业量产出货

资料来源：相关资料整理而得。

在半导体制造业中，光刻机是处于产业上游的核心设备，在芯片的制造工序中扮演着重要角色，对芯片的性能起着决定性作用。阿斯麦的主要客户是台积电、三星、英特尔这样的半导体芯片厂商。

芯片的制造包括沉积、光刻胶涂覆、曝光、显影、蚀刻、移植、剥离等工序，其中曝光解决的是将电路图从掩模上转移至硅片上，光刻机正处于芯片生产工序中的曝光环节。可以说，曝光是半导体芯片生产流程中最复杂、最关键的工艺步骤，具有耗时长、成本高的特点。据统计，半导体芯片在整个生产过程中需要 20~30 次的光刻曝光，耗时占整个生产时长的一半，成本能占到1/3。此外，光刻不仅在很大程度上决定着芯片的生产效率及成本，更重要的是光刻机的技术水平决定了芯片的晶体管密度和性能，因此，在半导体产业中光刻机有着极为重要的地位。

如图6-5所示，全球光刻机设备的市场集中度在逐年增加，经过30多年的发展，阿斯麦已占据了全球近七成的市场份额，其中在45纳米以下的高端光刻机设备市场，阿斯麦更是占据了80%以上的市场份额，在极紫外光（EUV）领域，阿斯麦甚至是独家生产者，占有100%的市场份额，实现了全球独家垄断。

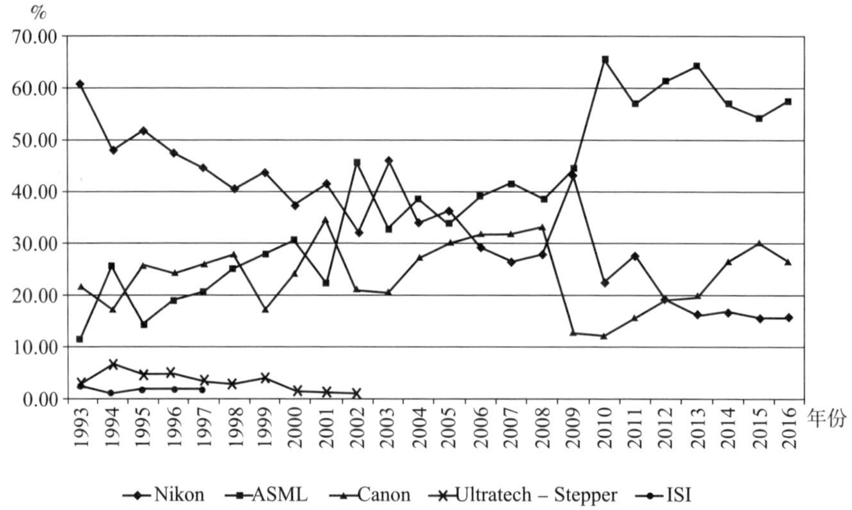

图6-5 全球光刻机主要厂商市场份额变化

资料来源：The Information Network。

二、企业特征

下面我们进一步分析阿斯麦的生意。

（一）毛利率

表 6-6 是 2015—2019 年阿斯麦的毛利率变化情况。我们可以看到，其毛利率一直保持在 45%左右，不仅高于我们对好企业毛利率至少要高于 30%的要求，而且还非常稳定，这体现了企业极强的利润控制力，产品如果没有强大的竞争优势是无法做到这一点的。

表 6-6 2015—2019 年阿斯麦的毛利率情况

	2015 年	2016 年	2017 年	2018 年	2019 年
毛利率（%）	46.06	44.81	45.03	45.95	44.67

资料来源：http：//www.macrotrends.net.

（二）净资产收益率（ROE）

表 6-7 是 2015—2019 年阿斯麦的净资产收益率情况。

表 6-7 2015—2019 年阿斯麦的净资产收益率情况

	2015 年	2016 年	2017 年	2018 年	2019 年
净资产收益率（%）	16.98	16.82	20.74	23.00	21.47

资料来源：http：//www.macrotrends.net.

由表 6-3 可知，阿斯麦的净资产收益率多年来均高于我们对好企业净资产收益率需大于 15%的要求。

（三）自由现金流

表 6-8 是 2015—2019 年阿斯麦的自由现金流情况。

表 6-8 2015—2019 年阿斯麦的自由现金流情况

	2015 年	2016 年	2017 年	2018 年	2019 年
自由现金流（亿美元）	18.36	14.93	16.50	29.51	28.11

资料来源：http：//www.macrotrends.net.

由表 6-8 可知，2015—2017 年，阿斯麦的自由现金流每年都有 10 多亿美元，然而在 2018—2019 年有了跃升，达到了近 30 亿美元。这是因为 2017 年阿斯麦推出了独步全球的 EUV 光刻机，为其带来了滚滚的利润，再加上美国在2017年实施减税法案，这两个因素一起推动了其自由现金流的暴涨。在可预见的未来，消费类电子设备依然景气，业内对EUV光刻机的需求仍然旺盛。同时，还看不到有其他竞争对手能在EUV光刻机这一领域对阿斯麦构成威胁，因此，阿斯麦会继续保持强劲的现金流。

（四）重复消费性

由于在高端光刻机产品上处于绝对垄断地位，产品供不应求，三大客户三星、台积电、英特尔甚至都入股阿斯麦成为股东以获取优先提货权，而且会多次购买以满足自身业务的需要。此外，阿斯麦光刻机的技术还在不断研发演进中，等到新一代光刻机产品问世后，又会引发新的购买热潮。因此，阿斯麦的高端光刻机产品具有很高的重复消费性。

（五）定价权

如表6-9所示，阿斯麦在高端光刻机领域具有压倒性的竞争优势，特别是作为EUV光刻机全球独家的供应商，拥有绝对的垄断地位，因此具有强大的定价权，这一点也可以从其多年来保持着高达40%多的毛利率看出。

表6-9　2019年全球光刻机销售情况　　单位：台

	阿斯麦	尼康	佳能	合计
EUV	26			26
ArFi	82	11		93
ArF	22	13		35
KrF	65	4	34	103
i line	34	18	50	102
合计	229	46	84	359

资料来源：相关资料整理而得。

（六）经济护城河

阿斯麦的经济护城河比较特殊，与我们之前章节讨论的各种经济护城河有所不同，它很难用一个单一的特征来概括，而是具有多方面的特征，我们将这种经济护城河的特征定义为“**综合优势**”。

首先，阿斯麦的高端光刻机具有极高的资金门槛。当年三星、台积电和英特尔三大晶圆制造巨头为了支持阿斯麦研发 EUV 光刻机，于 2012 年一起入股阿斯麦，用 38.5 亿欧元换来了 23% 的股份，此外，三家企业还为阿斯麦的研发又投资了近 50 亿美元，仅 2018 年阿斯麦的研发费用就高达 17.46 亿美元，这种资金投入门槛实在高得令人咂舌。

其次，阿斯麦的高端光刻机具有极高的技术门槛。有人评价，造一台 EUV 光刻机，难度胜于建造航母，因为要用到材料、光学、机电等领域最尖端的技术。EUV 的能量、破坏性极高，光刻机的所有零件和材料都在挑战人类工艺的极限。例如，空气分子会干扰 EUV 光线，生产过程得在真空环境中进行。并且，机械的动作得精确到误差以皮秒（兆分之一秒）计。最关键的零件之一，由德国蔡司生产的反射镜需做到几乎完美无瑕的程度，其瑕疵大小仅能以皮米（纳米的千分之一）计。这是什么概念？恐怕我们普通人很难想象。阿斯麦的总裁曾打过一个比方，如果反射镜面积有整个德国大，其最高的突起处不能高于 1 厘米。

除极高的资金、技术门槛外，阿斯麦的三大客户（即光刻机市场全球最大的三家客户）同时也是其股东，阿斯麦通过这种十分罕见的股权结构将业内主要客户的利益高度绑定，很难有新的竞争对手出现。

此外，阿斯麦的高端光刻机还受到很多技术专利的保护，其在全球主要设备和芯片制造国拥有约 12 000 项专利和专利申请，新专利申请大约有 300 项。此外，阿斯麦还受到一项由 40 个国家签署的、管制传统武器及军商两用货品出口的条约，即“瓦森纳协议”的保护。这些技术专利、政治管制协议也帮助构建了阿斯麦的经济护城河，将潜在对手排斥在外。

综上所述，阿斯麦的生意护城河是由多种因素构建的，具有“综合优势”的特征。

三、成功因素

阿斯麦历经30多年，一步步成长为全球光刻机市场的霸主，在高端光刻机领域拥有绝对的垄断地位，能取得如此的成功，有如下几个重要因素：

（一）走开放创新之路，积极发展研究合作

在阿斯麦成立后相当长的时间内，其技术并不如在当时处于市场主导地位的日本企业，如尼康、佳能等。不同于日本企业相对比较封闭的研发方式，阿斯麦一直奉行走开放创新之路，广泛团结合作伙伴，积极开拓研发合作。阿斯麦与研究机构、大学、外部技术合作伙伴建立了广泛的开放式研究网络，共同研发，分享成果。

例如阿斯麦与纳米光刻技术高级研究中心、塔塔钢铁和阿姆斯特丹自由大学的研究人员合作开发了基于无透镜显微镜的成像表面新技术。为了拓展平版印刷业务，阿斯麦与卡尔蔡司公司、卡得斯设计公司建立了密切而长期的合作。此外，阿斯麦还和著名的半导体技术研究机构IMEC展开合作，以加速采用EUV光刻技术进行大批量生产，并探索下一代高钠超视距光刻技术的潜力，以实现更小的纳米级器件的印刷等。通过与这些大学、研究机构、工业合作伙伴等的合作，阿斯麦不断获得各种前沿知识，使技术得以快速更新迭代，更好更快地满足客户需求，市场占有率不断上升。

在这些合作中，最值得一提的是有两次对阿斯麦发展起到关键作用的合作。第一次发生在2003年，阿斯麦和台积电合作共同研发成功全球第一台浸没式光刻机，一时成为当时市场上最为先进的产品，获得了英特尔、台积电这些头部客户的大订单，市场份额快速提升至70%左右，跃居世界第一，将尼康、佳能等日本竞争对手远远甩到了身后。第二次发生在2010年，阿斯麦1997年加入了英特尔和美国能源部共同发起的EUV LLC（Extreme Ultraviolet Limited Liability Company）研究联盟，为其在2010年推出业内第一台EUV光刻机奠定了基础。其实，一开始英特尔邀请了阿斯麦和尼康一起加入该组织，但因为美国政府担心最前沿的技术落入外国公司手中，反对阿斯麦和尼康加入，然而，阿斯麦长袖善舞，积极游说利益各方，最终成功加入了EUV LLC，得以分享其基础研究成果，而尼康却没能加入，在关键时刻掉了队。EUV光刻机的推出，使阿斯麦成为全球唯一一家能够设计和制造EUV光刻机设备的厂商，一举成为全球高端光刻机市场的独家垄断者。

（二）成功的战略性并购，获取了完整的上游供应链关键技术

光刻机的技术含量非常高，其中有很多关键零件的技术并不在阿斯麦手中。阿斯麦通过战略性并购，获取了诸多关键技术，打通了上游供应链。

2001年，阿斯麦收购美国光刻机巨头硅谷集团（SVGL），获得了关键的反折射镜头技术，使其能够推出新一代157纳米光刻机。2007年，阿斯麦收购了美国Brion公司，获得了重要的光刻集成电路相关技术。2013年，阿斯麦收购了全球领先的准分子激光器厂商Cymer，加速了EUV光源技术的发展，为光源技术提供了保障。2016年，阿斯麦收购了全球领先的电子束检测设备厂商HMI，为先进工艺提供了晶圆缺陷检测技术保障。2017年，阿斯麦收购德国卡尔蔡司子公司近25%的股权，获得了微影镜头关键技术。2019年，阿斯麦又收购了竞争对手Mapper的

知识产权资产，进一步丰富了公司的技术储备。

通过上述战略性收购，阿斯麦快速获得了光源、镜头、先进检测技术等光刻机相关核心技术，打通了上游供应链，占据了技术高地，使企业进一步发展而不再受制于人。

（三）吸引大客户入股，打造利益共同体，共担研发风险与共享投资回报

阿斯麦的主要客户群体是内存和逻辑芯片制造商，三大客户分别是三星、台积电和英特尔，这三大客户同时也是光刻机产品的最大买家。阿斯麦创造性地以接受股东注资的方式引入这三个光刻机大客户作为战略合作方，并给予这三家股东优先供货权，从而结成紧密的利益共同体。通过引入三家大客户作为股东，阿斯麦达到了一石三鸟的目的。其一，获得了如今独霸全球的 EUV 技术所需的高达几十亿美元的研发资金；其二，锁定了产品需求，和客户密切交流合作，极大地降低了研发投入风险（不愁生产出来的产品因不符合客户所需或其他原因而卖不出去）；其三，有效地阻击了竞争对手，将对手边缘化。试想，市场上最大的三家客户都是阿斯麦的重要股东了，竞争对手还怎么玩啊。

引入大客户成为重要股东，在各种商业模式中是十分罕见的。

四、估值

从前文可知，阿斯麦的自由现金流在 2018—2019 年已经达到了近 30 亿美元。对于这个在业内拥有绝对垄断地位的印钞机型企业，给予 30~50 倍的估值都算合理。这样的话，2020 年阿斯麦的合理市值应该在 900 亿~1 500 亿美元。

再次强调，上述估值方法和结论具有很大的主观性，这里仅为读者提供一个参考。

五、主要风险

阿斯麦的“综合优势”护城河非常宽广，至少从目前来看，拿着望远镜都找不到对手。那么它的主要风险在哪里呢？我们觉得是宏观经济。电子产业具有较强的周期性，遇到宏观经济不景气时，作为可选消费的电子产品，其需求也会随之大幅下滑，最终会传导到对光刻机的需求。2008 年金融危机爆发的时候，阿斯麦进行了变相裁员，比如让部分员工停工回家，只保证发一年的薪水，前半年是公司发，后半年是社保发。一年过后，如果还不通知复工的话，就可以走失业流程，领失业保险，自谋生路了。那一年，其股价也暴跌了 42%。当然，好的企业具有强大的商业模式，抗打击能力很强，仅仅在危机过去的第二年，随着宏观经济的复苏，阿斯麦的股价就暴涨了 89%，创下了历史新高，并且从那以后，一路开挂，股价节节攀升。

对于科技股，还有一个事关生死的风险，那就是颠覆性的技术革新。虽然目前我们还看不到在高端光刻机领域有谁能挑战阿斯麦的地位，但是不能排除将来遇到颠覆性技术革新的可能性，这一点是我们在投资科技股时要谨记的。

六、结语与讨论

通常来说，半导体业务投入大，技术革新快，竞争激烈，并不是一门好生意。但是，阿斯麦在 30 多年中不断革新进化，通过自身创新、战略收购、捆绑业内主要大客户等方式，一步步打造出有极高的资金门槛、技术门槛、政策门槛的“综合优势”经济护城河，形成了垄断优势，硬生生地做成了一门好生意。可见，一家企业的商业模式也不是一成不变的，投资者需要关注商业模式的演进变化情况。

第七章

价值投资的几个基本问题

在本章中，我们来探讨关于价值投资的基本问题，这不仅有助于我们加深对价值投资的理解，也能在股票投资实践中起到具体的指导作用。

一、什么是投资

英国诗人亚历山大·蒲柏为牛顿曾写下这样的墓志铭：“自然与自然的法则在黑夜中隐藏，上帝说，让牛顿出世，于是世界一片光。”类似地，中国古人也说过，天不生仲尼，万古如长夜。在证券投资领域，本杰明·格雷厄姆毫无疑问就是这样的牛顿、孔子。他于1934年出版的经典著作《证券分析》犹如一道闪电划破了漫漫黑夜，给证券投资开启了科学分析的大门。在此之前，证券市场的投资普遍充斥着投机和操纵市场行为，“三M”即内幕（Mystery）、操纵（Manipulation）和差价（Margins），是当时指导股票买卖的主要准则。正是格雷厄姆第一次系统地给出了证券价值投资理论的基本框架，从考察实业的角度看待股票投资，提出了“**安全边际**”的概念，要求投资的对象其价值应远远超过其价格。通过对投资的定义，“**投资是一种通过认真分析研究、有望保本并能获得满意收益的行为，不满足这些条件的行为就被称为投机**”，而把投资和投机清晰地区分开来。此后价值投资理论的内涵被追随者不断丰富扩充，其弟子沃伦·巴菲特则是站在他的肩膀上，集合了费雪、芒格等人的智慧，把老师以定量为主的、“捡烟蒂”式的价值分析理论推广到“质”和“量”结合，对企业的考察“质”在“量”前，对“量”

的关注也从对静态的清算价值的考量拓展到对动态的未来现金流的考察，极大地拓展和丰富了价值投资理论的内涵，并通过自身的投资实践成就展示了价值投资理论的巨大威力。

关于投资要义，巴菲特告诉世人，第一条是不要亏钱，第二条是记住第一条。同样地，价值投资大师赛思·卡拉曼也指出，投资首要是关注风险，然后才是回报。笔者在多年的投资学习和实践中，深深地感到仅仅关注和寻求交易价格上的安全边际是远远不够的，那样很容易掉入“价值陷阱”中。面对风险，投资者需要建立四重自我保护，涵盖每笔投资的全过程，才有可能取得长期的好成绩。这四重保护对应着每一个投资者都需要面对的、最普遍的四个问题。

（一）买什么

价值投资者的第一重保护来自对自身能力的认识和对买入企业的“质”的了解和选择，这是价值投资的出发点。

关于对自己能力的认识，芒格提出了“能力圈”的概念，指的是投资者要清楚自己的能力范围，明白自己知道什么和不知道什么（如果我知道我将在哪里死去，那我就不去那个地方——《穷查理宝典》）。对于投资而言，就是要永远只在自己熟悉的领域内投资，不管你的能力圈有多小，坚持自己能够理解的范围，只做自己理解的企业，不懂不做。在投资外扩展你的能力圈，在投资中守住你的能力圈。

关于投资对象的选择，投资者应该严格地在能力圈范围内选择那些具有长期护城河、优秀商业模式、好的管理层、好的治理结构的企业，而回避那些具有不好的商业模式、不好的管理层的企业，无论看上去有多便宜都不投资，以避免掉入“价值陷阱”。巴菲特如今的伯克希尔·哈撒韦公司当年主营的就是已经没有护城河、江河日下的纺织业，尽管巴菲特以很低的价格买入，也费了九牛二虎之力加以改造，但还是无法改变其最终停业关门的局面。还有的企业甚至账面现金都超过自身市值了，但是对于小股东而言，由于无法控股以清算企业的价值，所以企业账面上的现金与小股东是不相干的，企业的价值是否能够兑现，完全取决于大股东、管理层。普通投资者掉入这样的“价值陷阱”中的案例，每天都有发生。

因此，**价值投资者的第一重保护来自在自己能力圈内选择有着优秀商业模式、具有长期护城河，以及有着好的管理层的企业。**

（二）以什么价格买

投资者在买入股票时，价格要相对价值具有足够的安全边际。格雷厄姆的“安全边际”概念要求投资的对象其价值应远远超过其清算价格，即买入价格应低于有形账面净值的 2/3。巴菲特也说过要以四毛钱去买一块钱的东西。巴菲特这里所说的一块钱的价值指的不仅仅是企业的清算价值，更是企业未来现金流的折现。买股票就是买企业，一家企业的价值就等于其未来自由现金流的折现。那么“四毛钱买一块钱的东西”扩展一下，就是说要以**四折的价格来买一家企业未来自由现金流的折现，这就是安全边际，也即价值投资者的第二重保护**。

通常投资者可能会有这样一些问题：

巴菲特说四折买，那五折行吗？——取决于你的确定性有多大。确定性强，折扣可以适度减少，但是折扣越少，安全边际越小。为了避免过高的自我评判，还是至少要有五折以下的折扣才可以考虑购买。

未来的自由现金流怎么算呢？事实上，自由现金流更多的是一种思维方式，芒格说他从未见过巴菲特用计算器算过自由现金流。举个例子：比如你预计 10 年后人们还需要汽车玻璃，10 年后福耀玻璃依然存在，并且大概一年能赚到 120 亿元的自由现金流，是现在的 3 倍，那你就能大概估算出现在市值 500 多亿元的福耀是否可以入手了。当然，你也可以考虑5年或者10年以上的未来。其实，仅考虑5年后有些过短，把10年作为思考“未来”的起点比较合适。

如果一家企业的未来自由现金流很难估算怎么办？其实绝大多数企业未来的自由现金流都很难甚至不可能估算，可能会大起大落，或者不确定10年后是否还存在，等等。因此对于大多数企业，我们都应该回避，只考察那些具有强大护城河、可以长期存在、具有稳定可预测现金流的企业。

（三）**分散还是集中**

谈到持仓是应该分散还是集中，很多价值投资者爱引用巴菲特的话，“把鸡蛋放在一个篮子里，然后看好这个篮子”来表示持仓应该集中。其实，对巴菲特这样的价值投资大师来讲，集中是事后的结果而不是事前的设计。这是因为大师恪守能力圈，追求高度的确定性，以足够的安全边际去买，符合这样的投资标的少之又少，所以自然体现出集中的投资风格，巴菲特、索罗斯、段永平等都是如此。不过，对于具有一定选股知识和能力的普通投资者而言，**适度分散是第三重保护**。因为我们普通投资者对于一家企业的认知囿于能力、时间、信息、视野、经验等方面的局限，无法和大师们相比，因此在能力圈内做适度的分散是对冲自己判断失误风险的必要手段。分散的极端就是宽基指数基金，巴菲特就多次给不具有选股能力的普通大众推荐标普500这样的低成本宽基指数基金。其实巴菲特也有分散，比如他能看懂航空业竞争格局近几年有质变，整体很有投资价值，但是他还不确定哪个或哪几个最好，因此就一揽子都买了。此外，虽然波动不是风险，但坦率地讲，对于大多数普通投资者而言，面对持仓剧烈的波动很难做到大师般的胸有成竹、气定神闲，因此适度地分散有助于平衡持仓的波动，虽然有降低未来回报的可能，但是有助于在长期持股中保持稳定的心态。总之，**集中是强者思维，**

是对自己的判断有超强的自信，集中是超额收益的主要来源；而**分散则是弱者思维**（绝对弱者思维则是购买指数基金），承认自己的认知能力有限，判断可能有误，立足于在市场上长期存活，不会被一次判断失误或黑天鹅事件重创，以期长期能有一定的超额收益。

普通投资者可能会有这样一些问题：

到底持仓几只算是适度分散？根据自己能力圈的大小、资金量的多少和对待股价波动的心理承受能力来决定，3~5只或8~10只甚至十几只都可以，当然如果多于20只则没有必要了，因为普通投资者根本研究不过来这么多股票，也**不能为了分散而分散**。

如果在能力圈内找不到合适的股票来买怎么办？如果没有股票值得买，那就全部持有现金或现金等价物，巴菲特说过，当没有合适的事情可做时，就什么也不做。当然，能做到这一点很难，特别是有现金的时候。

如果在能力圈内只能找到一两只购买的股票可以ALL IN全仓买入吗？在这种情况下，还是要保留一定的现金。一方面是防止因我们判断失误或黑天鹅事件而可能遭受的致命性打击。另一方面是给我们保留一个看涨的权利，以待更好的投资机会出现。巴菲特说过，现金是一种无终止日期、无行使权的看涨期权。也就是说，保留一定量现金除了分散风险、平抑波动之外，更是给资产组合保留了一个看涨的权利。当资本市场暴跌掉金子的时候，投资者可以用一个大桶去接。尽管我们并不知道这个机会什么时候发生，然而长期经验表明，暴跌必然会发生，而且时不时会发生，在这个时候现金就能兑现其看涨期权的作用。

（四）何时卖出

很多价值投资者都知道卖出有三个原则：第一，买错了；第二，发现了更加便宜的标的；第三，股价被严重高估了。

如果买入后，发现买错了，或者公司的基本面发生了重大变化而导致当初买入的逻辑或继续持有的逻辑不再成立了，就要立刻卖出，不要有任何犹豫，发现错误后若能及时纠正，可能一时很痛苦，但从长远利益的角度看，往往是代价较小的方式。因此，这个原则是对的。当然，这一条实际执行起来并不容易，因为企业的外部环境和其自身都在不断变化中，很多时候判断一个变化是影响基本面的重大变化，还是仅仅在短期有影响但中长期不会有影响的变化不是一个容易的问题。比如三聚氰胺事件对伊利股份的影响，塑化剂事件对贵州茅台的影响，在当时短期内对基本面的影响很大，但是从中长期来看，都没有造成根本性影响。短期影响造成的波动甚至提供了一个很好的买入机会而不是卖出。那么如何提高判断力呢？这需要对企业的本质有深刻理解且要看得长远。

至于上面所说的第二、第三个卖出原则，也是说起来容易做起来难。如果我们能够比较准确地估算出一只股票的价格，那么当然随后操作就很简单了。但是，股票所代表的企业是动态发展的，其内在价值也是在不断变化的，其估值是可以在一个较大数值区间内浮动的，而且也是应该随着企业的发展动态调整的。在现实中，一个好企业的成长甚至往往超过了人们多年前最大胆的想象，比如贵州茅台在 2001 年 8 月上市时市值仅为 92.53 亿元，如果当时有人说有朝一日其市值会突破万亿元，那一定会被人们讥笑为疯子的；腾讯控股在 2004 年上市时市值仅为 62 亿港元，又有谁能想到其市值有一天会突破 6 万亿港元呢？当然还有康美、乐视这样的反面例子。因此，如果不是基本面发生重大变化，那么就应该对“高”估值尽量包容，不要轻易卖出，也不要轻易换股——“拔掉鲜花去灌溉杂草”。就像巴菲特所说的，不想持有十年就不要持有一分钟，这就引出**价值投资者的第四重保护——长期持股**。格雷厄姆曾说过，市场短期是一台投票机，但长期是一台称重机。长期持股就是等待市场发挥出称重机的功能，价值回归需要时间。此外，企业的价值不是静态的，好的企业是一个有生命力的有机体，会随着时间一步步动态发展壮大。长期持股的心态有助于投资者滤掉市场的短期噪声，放眼长远，与好企业一起成长，做时间的朋友。

小结下就是，长期持股的心态可以让投资者在买入时对标的精挑细选，对价格留足安全边际，持有时忽略市场噪声、短期波动，卖出时慎之又慎，力图与好企业一起成长，分享到好企业成长的价值。

如果实在太贵了卖不卖呢？如果实在太贵了，那就卖。假如一只股票的价格已经远远超越了它所代表的企业未来现金流折现的最乐观估计，那么还是应该卖的。哪怕卖了后股价从此一路走高不回头，那也不用遗憾，因为已经超过我们的认知范围了，失去了，不用感到遗憾。

二、结语

本章探讨了关于价值投资的几个基本问题，提出了价值投资者的四重保护原则，分别就投资操作的各个环节提出了相应的建议，尝试回答了什么是投资，投资者应该买什么、以什么价格买，集中还是分散持仓以及何时卖出——这些投资中最基本、最普遍的问题。基于以上内容，希望读者可以寻找到大牛股，甚至超级大牛股进行投资，收获良好的投资结果。

后记

书写完了，但是还有些意犹未尽，想就一些相关的话题继续跟读者朋友们聊聊，下面就以问答的形式来展开吧。

一、书中案例是如何选择的

在本书中，我们在介绍具有各类护城河的好企业时，都是尽量给出两个中国A股上市公司和一个美股上市公司的案例来分析，以期给读者提供一个更开阔的国际视角。好的企业有很多共同的特征，与是哪里的公司或是在哪里上市关系不大。但有的章节在A股很难找到合适的案例，比如在“网络效应”这一章中，由于在A股很难找到既具备网络效应，又同时符合本书对好企业定义标准的企业，我们就用一家在美股上市的中概股拼多多，以及在港股上市的腾讯控股为案例，来阐述具备网络效应这种护城河的好企业。另外，就是在“综合优势”这一章中，也是因为A股没有十分合适的案例，我们就以两个美股上市企业为例加以阐述。

在吉姆·柯林斯的名著《基业长青》中，柯林斯列举了18对企业，一类是“高瞻远瞩”的能做到基业长青的企业，另一类是对照企业，也不错但相对平庸。通过对这18对企业的大量量化研究，作者得出结论，最持久、最成功企业的基本特质是保存了一种核心理念，同时刺激进步，积极改变除了核心理念以外的任何东西。但是，自《基业长青》一书出版20年后，有人又做了统计，发现书中那“高瞻远瞩”的18家卓越的企业，有8家确认基业长青，有2家不确定，还有8家确认并没有基业长青。这18家企业已经是作者精挑细选出来的了，但20年后仍有近一半企业未能做到基业长青，由此可见，企业的基业长青是非常难得的。笔者在选择本书的案例时，一个小小的野心就是希望所选入的案例在多年后依然能够保持基业长青，经得起时间的考验，让我们拭目以待。

二、书中谈了这么多好企业，到底应该买哪个

首先，本书中所举案例都是为了授人以渔，而非荐股。虽然笔者本人买过本书中大多数案例公司的股票，也给笔者带来了不菲的投资回报，但是更希望读者能用在本书中学到的方法，在自己的能力圈内**找到好企业，抓住大牛股**，取得长期的投资成功。

其次，还应该指出的是，尽管本书中所举案例都是好企业，但是它们之间还是有好和更好的区别。比如，与腾讯控股的生意相比，涪陵榨菜的生意就逊色不少，生意的天花板要低很多，就长期而言，投资的价值不如腾讯控股，但是不排除涪陵榨菜在某一时段出于估值更低、成长性更好等原因在阶段性投资价值上高于腾讯控股。不过要准确判断这一点往往是非常困难的，所以如果涪陵榨菜和腾讯控股都出现了投资机会，只有当涪陵榨菜在未来某一时段的预期回报远高于腾讯控股时，才应选择涪陵榨菜，否则还是应该尽量选择腾讯控股。

三、书中用以检验好企业的财务指标是如何选择的

描述一家企业经营状况的财务指标是非常多的，如果不加重点地全

部罗列出来，可以写成厚厚的一本书。如果逐一用这些指标去检验一个企业，对于普通投资者而言，基本上是不可能完成的任务。好在这也并不必要，因为只需要用少数核心的财务指标，就可以帮助我们排除大多数不好的企业了。本书中对检验一个企业成色的财务指标的选择是笔者多年投资经验的精华所在，指标如果选得太多，则容易失去考察重点，且可能过于苛刻，漏掉好企业；指标如果选得过少，则可能门槛降得太低，把一些不太优秀的企业也选上了。因此，选择的范围需要“刚刚好”。此外，不同的企业，可能还会有不同的重点财务指标。本书中，笔者想给读者尽可能少的，并且是通用的财务指标，以便读者容易上手，检验形形色色不同企业的成色。比如，不管什么样的企业，如果毛利率很低，净资产收益率也很低，同时自由现金流还很差，并且这些指标也没有好转的趋势，那么其极大概率不是什么好企业。对于那些通过了这些财务指标检验的企业而言，则会有很大概率是好的，我们可以进一步考察更多的财务指标和商业模式来做出更准确的判断。

值得一提的是，很多投资者非常关注的增长速度，并不在本书对好企业所要求必备的指标之列，这是因为净资产收益率、自由现金流和增长速度三者很难同时满足。如果盈利能力强，自由现金流好，那么就会有很多的钱沉淀在账上。如果不把这些钱投入扩大再生产，则企业的增长速度就会降下来。如果企业的增长没有较强的盈利能力或自由现金流为依托，则往往是低质量的，甚至是不健康的。增长越快，带给企业的经营风险就越大，甚至有可能会引起企业资金链断裂而破产。因此，在这三者中，笔者更看重盈利能力和自由现金流。

四、书中所用的估值方法是怎样的

价值投资者信奉企业的价值就是其未来现金流的折现，因此理论上，估值的唯一正确方法就是估算出企业未来现金流的折现。但是，在实践中，未来现金流折现的估算受很多因素的影响，取值稍有不同，结果就会大相径庭，很容易导致“精确”的错误。因此，在实践中往往采用市盈率这样的相对估值法，横向与其他的企业或纵向与自身的历史去比较。但由于企业的盈利很容易受人为调节，而自由现金流相对更能说明公司的财务表现，因此，本书中大多采用股价和自由现金流量之比（Price-to-Free-Cash-Flow ratio，简称 P/FCF）来对企业做相对估值。

正如书中反复强调的那样，估值是科学也是艺术，具有一定的主观性，因此书中给出的估值仅仅是为读者提供参考。入市有风险，投资要谨慎，衷心地祝愿读者朋友们能用从本书中学到的方法获得长期投资的成功。